Wild Places
SÜDTIROL

Wild Places SÜDTIROL

Die schönsten Naturerlebnisse fernab des Trubels

Manuela Blisse, Uwe Lehmann

BRUCKMANN

INHALT

↓ Von links nach rechts: Eine Südtirolerin in ladinischer Tracht; mittelalterliches Fresko in Schloss Runkelstein; Schloss Wolfsthurn in Ratschings; Erdpyramiden im Pustertal; Wandern im Naturpark Drei Zinnen

↑ Saftige Almwiesen oberhalb von Lungiarü; im Hintergrund der Peitlerkofel

↑ Eine farbenprächtige, alpine Herbstlandschaft am Schwarzhorn

↓ Von links nach rechts: Das Kulturzentrum Grand Hotel in Toblach; die Drei Zinnen in den Sextener Dolomiten; Wallfahrtsort Maria Weißenstein; verführerische Käselaibe aus dem Villnößtal; Jausenstation der Burg Hocheppan mit der Kapelle im Hintergrund

Ladis
Inn
Pfunds
ÖSTERREICH
Sölden
Landesmuseum Bergbau
11
SCHWEIZ
Nauders
Gilfenklamm
10
31
29
38
Langtauferer Tal
Reschen-see
4
Sarntaler Hufeisentour
32
Spronser Seen
Partschinser Wasserfall
25
41
Malser Haide
35
Roggia Oberwaal
35
Waalwege
Talfer
30
Tappeinerweg
Mals im Vinschgau
Meraner Höhenweg
27
Marling
Meran
Schluderns
Vinschger Sonnenberg
Schnalstal
37
Naturns
28
Stoanerne Mandln
2
40
Schlanders
Gaulschlucht Lana
33
26
Etsch
6
Salten
Sta. Maria
34
Eisacktaler Keschtnweg
Zoggler-Stausee
Ultental
Bunkeranlage Gampen
42
36
BOZEN
Burg Hocheppan
43
39
Nationalpark Stilfser Joch
Eppaner Eislöcher
45
44
Rastenbach-klamm
46
Revò
Cles
47
Castel-felder
Auer
Cusiano
Noce
48
Naturpark Trudner Horn
Etsch
ITALIEN
1700
Salurn
50
Haderburg

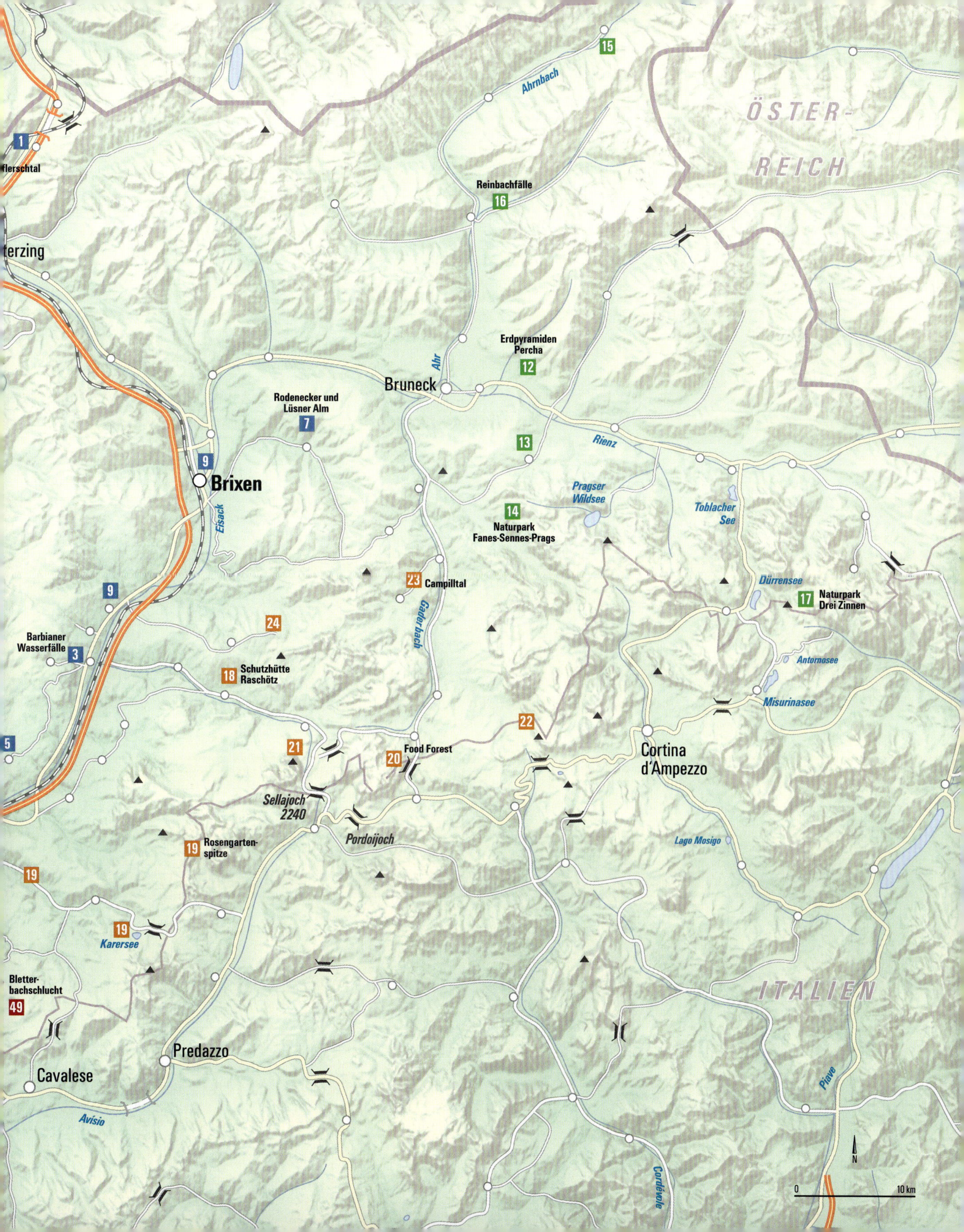

15
Ahrnbach
ÖSTER-
REICH
1
flerschtal
Reinbachfälle
16
terzing
Erdpyramiden
Percha
12
Ahr
Bruneck
Rodenecker und
Lüsner Alm
7
13
Rienz
9
Brixen
Pragser
Wildsee
Toblacher
See
Eisack
14
Naturpark
Fanes-Sennes-Prags
9
23
Campilltal
Dürrensee
17
Naturpark
Drei Zinnen
Gader bach
24
Barbianer
Wasserfälle
3
18
Schutzhütte
Raschötz
Antornosee
Misurinasee
22
5
21
Food Forest
20
Cortina
d'Ampezzo
Sellajoch
2240
Pordoijoch
19
Rosengarten-
spitze
Lago Mosigo
19
19
Karersee
Bletter-
bachschlucht
49
ITALIEN
Predazzo
Cavalese
Avisio
Piave
Cordevole
N
0
10 km

VORWORT

HALLO, CIAO UND SERVUS IN SÜDTIROL!

Von Norden über den Brenner kommend, spürt man ihn schlagartig: den Atem des Südens. Und freut sich auf »dolce far niente«, eine beeindruckende Bergwelt mit mächtigen 3000ern, viel unverfälschte Natur, saftige Almen mit urigen Hütten, blühende Obstwiesen und grüne Weinberge, romantische Dörfer und lebendige, quirlige Städtchen. Hinzu kommen eine ausgezeichnete alpenländisch-mediterrane Küche mit mehr als Knödeln und Schlutzkrapfen und hervorragende Weine und Edelbrände, verbunden mit herzlicher Gastfreundschaft und einer Hotellerie auf höchstem Niveau.

Südtirol ist so vielseitig, wie eine Region im Herzen Europas nur irgendwie sein kann, und daher zu Recht so beliebt. Oder wie es ein Südtiroler Landeshauptmann einmal treffend beschrieb: »Jeder möchte hier bei uns, in unserem schönen Land, leben.« Auch wenn es mit dem Dauernd-dort-Leben in der Regel etwas schwierig wird, immer wiederkehren, immer wieder Neues entdecken, das ist sicherlich kein Problem.

Und das sollte man dann in jedem Fall auch tun. Beispielsweise um vor der eindrucksvollen Kulisse von Sella und Langkofel die bestens präparierten Pisten des Dolomiti Superskis hinabzuwedeln. Oder um durch die malerische Altstadt von Bozen zu bummeln und auf ein gutes Glas bei den Fischbänken einzukehren. Zur Entspannung geht es in die Therme Meran, wohl eine der schönsten Thermen im gesamten Alpenraum überhaupt. Und mit dem Moutainbike lassen sich die zahllosen Almen wie die Seiser Alm, die größte Hochalm Europas, problemlos erfahren. Apropos Höhe. Die zahlreichen Höhenwanderwege – etwa rund um die Texelgruppe – sind für Bergwanderer Herausforderung und Genuss zugleich.

← Der Karersee: Naturdenkmal unter dem Rosengarten in den Dolomiten
↑ Die Bletterbachschlucht in Aldein ist ein UNESCO-Weltnaturerbe.
↗ Fresken auf der Kapelle im Wallfahrtsort Maria Weißenstein

Zeugnisse vergangener Zeiten

Mindestens einmal sollte man außerdem bei Ötzi, dem Mann aus dem Eis, vorbeischauen. Die Eismumie zeigt, dass Südtirol schon vor über 4000 Jahren ein Zentrum der Zivilisation war, um das sich aber auch immer wieder Völker und Staaten stritten.

Überhaupt war die Geschichte Tirols und Südtirols eine sehr bewegte und zeugt bis heute noch von einer gewissen Zerrissenheit. Was man nicht zuletzt an den zahllosen, teils sehr gut erhaltenen Klöstern, Schlössern, Burgen und Ansitzen leicht erkennen kann – ein Blick hinter die alten Mauern etwa von Schloss Juval, Schloss Runkelstein oder Kloster Neustift kann dabei sehr erhellend sein. Nicht zu vergessen die Standorte von Reinhold Messners MMM – Messner Mountain Museum, zugleich Pflicht und Kür bei jedem Südtirolbesuch. Genauso wie die Beschäftigung mit der Kultur der Ladiner, der dritten Volksgruppe hierzulande neben Deutschen und Italienern. In den letzten Jahren erlebte sie ein Revival und wird heute zunehmend auch wieder von jungen Ladinern gelebt. Und auch Besucher lernen sie mitsamt ihrer schmackhaften kulinarischen Seite in Alta Badia und im Grödner Tal hautnah kennen.

Wer also Südtirol besucht, bekommt ein facettenreiches, spannendes Gesamtpaket – inklusive 50 ausgesuchter »wild places«, die so zumindest nicht alle Südtiroltouristen auf dem Schirm haben.

Bergwandern am König Ortler,
dem höchsten Berg Südtirols

VON ALLEM DAS BESTE

Südtirol hat sich seit den 1990er-Jahren zu einer der attraktivsten Regionen Europas entwickelt, in der Tradition und Moderne, Natur und Lifestyle, Sport und Genuss eine kongeniale Symbiose eingehen.

SÜDTIROL QUERBEET

Italiens nördlichste Provinz reicht vom Brenner im Norden bis zur Salurner Klause im Süden und vom Reschenpass im Westen bis zu den Drei Zinnen im Osten. Knapp 540.000 Einwohner leben auf einer Fläche von 7400,43 Quadratkilometern. 64,4 Prozent davon liegen auf über 1500 Meter Höhe. Der Ortler ist mit 3905 Metern der höchste Berg Südtirols. Die zahllosen Gipfel sorgen für eine weitere beeindruckende Zahl: Es gibt sage und schreibe 358 Seilbahnen. Aber nicht alles in Südtirol ist Gebirge. Neben den Bergen prägen unzählige Schlösser, Burgen und Ansitze die Region. Sie beherbergen einzigartige Kulturschätze. Und auch dazu eine Zahl: Interessierte können in 107 Museen viel Zeit verbringen.

TÖRGGELEN …

… heißt ein Brauch, dem sich Einheimische wie Touristen im Herbst begeistert hingeben. Man zieht gemeinsam von Buschenschank zu Buschenschank, verkostet den neuen Wein und stärkt sich mit Südtiroler Köstlichkeiten.

934.799

TONNEN

So viele Äpfel wurden im Jahr 2021 in Südtirol geerntet. Über 7000 Obstbauern sorgen dafür, dass rund zehn Prozent der europäischen Apfelernte aus Südtirol stammen. Dementsprechend beeindruckend – und ein echter Besuchermagnet – ist die Apfelblüte im Frühling. Die meisten Apfelplantagen befinden sich übrigens im Vinschgau und im Meraner Land.

NATUR PUR

In Südtirol gibt es acht große Naturschutzgebiete: sieben Naturparks und einen Nationalpark. Sie erstrecken sich über knapp ein Viertel der Gesamtfläche Südtirols und haben unter anderem die Erhaltung der Artenvielfalt von Flora und Fauna zum Ziel.

BIKEPARADIES

Südtitol ist ein Eldorado für Biker – auf dem Rennrad genauso wie auf dem Mountainbike. Und dank moderner E-Bikes werden die wunderschönen Berg- und Passstraßen für immer mehr »normale« Radler leichter zugänglich.

SKILAUFEN

Südtirol ist ein Paradies für Skifans. Die Region besitzt gleich mehrere große Skigebiete, aber auch (noch) kleine, vor allem für Familien geeignete Geheimtipps. Das Nonplusultra ist Dolomiti Superski, ein Zusammenschluss von zwölf Skigebieten mit über 1000 Pistenkilometern. Gletscherskigebiete gibt es in Sulden, im Schnalstal und auf dem Stilfser Joch.

BERGWANDERN

Wandern und Südtirol – das gehört zusammen. Es gibt unzählige Wander-, Themen- und Erlebniswege, von leicht bis anspruchsvoll. Und für Fortgeschrittene einige der schönsten Höhenwege der Alpen, etwa den Ortler Höhenweg, den Meraner Höhenweg oder die Sarner Hufeisenrunde, die in mehreren Etappen inklusive Hüttenübernachtungen durch eine fantastische Bergwelt führen.

KNÖDEL

Ohne diese kulinarische Spezialität geht in Südtirol gar nichts. Es gibt sie in unzähligen Varianten: mit Spinat, Pilzen, Roter Bete, Käse, Speck, Leber oder süß, etwa mit Marille. Ein Hüttenklassiker sind in der Pfanne zubereitete Knödel mit Speck, Käse, Zwiebeln und Milch.

VOLKSGRUPPE DER LADINER

Neben Südtirolern und Italienern sind die Ladiner die dritte Volksgruppe und Ladinisch die dritte Sprache. In Südtirol gehören das Gadertal und das Grödnertal rund um den Sellastock zu Ladinien, aber auch Cortina d'Ampezzo in Belluno und das Fassatal im Trentino. Insgesamt bezeichnen sich derzeit rund vier Prozent der Südtiroler als Ladiner. Wobei Sprache und Kultur in den letzten Jahren wieder einen zarten Aufschwung genommen haben und sich zunehmend jüngere Leute zu ihrer ladinischen Herkunft bekennen. Die deftig-schmackhafte ladinische Küche kommt in immer mehr Hütten auf die Tische, und das Brauchtum wird vermehrt gepflegt.

Geheimnisvoller Bergwald in der wildromantischen Bletterbachschlucht

UNSER NACHHALTIGKEITSKODEX

Die Welt birgt viele Wunder, Abenteuer und spektakuläre Aussichten, die wir gerne erkunden möchten. Doch sie ist auch leicht aus dem Gleichgewicht zu bringen. Hier ein paar Tipps, wie wir unsere Welt nachhaltig entdecken können:

- **Die Hauptsaison meiden:** Wenn wir nicht gerade auf die Ferienzeiten angewiesen sind, können wir der Umwelt einen großen Gefallen tun, indem wir in der Nebensaison verreisen. Damit tragen wir zu einer gleichmäßigeren Auslastung der Umwelt und der Infrastruktur bei, und der Urlaub wird dazu auch noch wesentlich entspannter.

- **Die Aufenthaltsdauer dem Reiseziel anpassen:** Je weiter das Reiseziel ist, desto länger sollte der Aufenthalt sein. Dadurch lernen wir die Region nicht nur intensiver kennen, sondern stärken sie ganz nebenbei noch durch unsere Ausgaben vor Ort. Anfahrtsintensive Tagesausflüge sollten besser vermieden werden, das bedeutet nur Stress, sowohl für die Umwelt als auch für uns selbst.

- **Auf umweltschonende Verkehrsmittel setzen:** Wo es möglich ist, reisen wir mit öffentlichen Verkehrsmitteln an. Das reduziert nicht nur die Luftverschmutzung, sondern schont auch unsere Nerven. Falls das nicht geht, helfen verschiedenste Plattformen dabei, den CO_2-Austoß auszugleichen, vor allem, wenn das gewünschte Reiseziel nur mit dem Flugzeug zu erreichen ist.

- **Nur dort parken und campen, wo es erlaubt ist:** Selbst wenn wir uns noch so vorbildlich verhalten und unseren Aufenthaltsort so hinterlassen, wie wir ihn vorgefunden haben, stören wir den Lebensraum von Wildtieren und hinterlassen Spuren und Gerüche. Auch Lagerfeuer entzünden wir ausschließlich an den dafür vorgesehenen Stellen und achten dabei auf Waldbrandstufen und Naturschutzgebiete.

- **Ressourcen gewissenhaft nutzen:** Manche Umweltressourcen sind bereits knapp, endlich sind auf jeden Fall alle. Um sie zu schonen, sollten wir sparsam mit ihnen umgehen, gerade in Gegenden, in denen zum Beispiel Wasser oder Strom nicht im Überfluss vorhanden sind.

- **Ein guter Gast sein:** Nachhaltig unsere Umgebung zu erkunden bedeutet auch, der hiesigen Flora und Fauna mit Respekt zu begegnen. Pflanzen sollten auf keinen Fall gepflückt werden, aber sie stehen uns bestimmt gerne Modell für das eine oder andere Foto. Das gleiche gilt für wilde Tiere: Wir füttern sie nicht, halten Abstand und beobachten sie aus der Ferne.

- **Auf den Wegen bleiben:** Wer die vorgegebenen Wege verlässt, dringt nicht nur in die Rückzugsräume heimischer Arten ein, sondern trägt auch dazu bei, dass sich neue Wege bilden, was zur Erosion des Bodens führt.

- **Abfall wieder mitnehmen:** Plastikverpackungen jeglicher Art, Dosen, Flaschen und Papiertaschentücher (es dauert Jahre, bis sich ein einzelnes Taschentuch vollständig abgebaut hat!) gehören nicht in die Natur, sondern artgerecht entsorgt. Am besten gleich eine wiederverwendbare Brotdose oder Trinkflasche mitnehmen. Dazu zählen natürlich auch Toilettenpapier und der Inhalt von (Chemie-)Toiletten. Entsprechende Entsorgungsstationen finden sich überall.

- **Lokal kaufen:** Dadurch lernen wir Land und Leute besser kennen und unterstützen die regionale Wirtschaft, außerdem sind regionale Produkte meist auch preisgünstiger und qualitativ hochwertiger.

So wie wir die Umwelt respektieren, wollen wir auch unseren Mitmenschen und deren Kultur Respekt entgegenbringen, gerade im Hinblick auf deren Traditionen, Religion oder typische Gebräuche. So können ein Lächeln oder ein paar Worte in der Landessprache Berge versetzen!

Malerischer Sonnenuntergang
am Peitlerkofel

EISACKTAL

Eines der Haupttäler Südtirols mit herrlicher Natur, kulturellen Sehenswürdigkeiten, lebendigen Orten und kulinarischen Spezialitäten

1

BRENNERBAD

VERWUNSCHENER ORT AM EINGANG ZU SÜDTIROL

Einst war Brennerbad ein mondäner Kurort, in dem die damalige High Society zum Kuren im Grandhotel abstieg. Heute ist es ein ruhiger, verschlafener Bergort, der sich wunderbar als Ausgangspunkt in die umliegende Bergwelt eignet – und die Thermen tun damals wie heute ihre wohltuende Wirkung.

Kommt man mit dem Auto von Norden, also von München über Innsbruck und den Brenner – natürlich über die alte Passstraße Strada Statale 12 und nicht über die moderne Brenner-Autobahn –, nach Südtirol, sind es nur drei Kilometer Fahrt, wenige Kurven und wenige Höhenmeter, schon erreicht man auf 1.326 Metern Höhe die kleine Ortschaft Brennerbad im Wipptal, die zur Gemeinde Brenner gehört. Wer sich nur die Maut für die Brenner-Autobahn sparen möchte, fährt meist ohne einen weiteren Blick vorbei. Denn heute spielt der Tourismus trotz der Thermalquellen längst nicht mehr dieselbe bedeutende Rolle wie früher.

Alter Glanz

Schon um das Jahr 1400 war Brennerbad berühmt für seine Heilquellen. Als in der Belle Époque das bekannte Grandhotel eröffnet wurde, hielten Fernzüge am örtlichen Bahnhof und kurten zahlreiche Prominente wie Henrik Ibsen und Richard Strauß hier – das Bad war in ganz Europa berühmt. Aus dieser Zeit des Nobeltourismus stammt auch die Kapelle Maria Heimsuchung, die 1886 geweiht wurde. 1922, nur 20 Jahre nach seiner Eröffnung, brannte das Grandhotel jedoch ab, und danach begann – bedingt nicht zuletzt durch die neue, nahe Grenze als Folge des Ersten Weltkriegs, die die Bewegungsfreiheit der Gäste stark einschränkte – der Niedergang.

Rückkehr zum Ursprünglichen

Heute ist Brennerbad (italienisch Terme di Brennero) ein geruhsamer Ort, an dem immer noch gekurt werden kann. Die Brenner Thermalquellen – mit einer Wassertemperatur von durchschnittlich 21,9 Grad die wärmsten in Südtirol – bieten Heilbäder, Trink- und Inhalationskuren an. Behandelt werden vor allem Atemwegs- und rheumatische Erkrankungen.

Aber Kuren ist längst nicht alles, ganz im Gegenteil. Brennerbad punktet mit der herrlichen Berglandschaft des Wipptals und der angrenzenden Zillertaler Alpen mit zahlreichen wildromantischen Ecken. Der Ort ist ein exzellenter Ausgangspunkt für Wanderungen, Bergtouren, Skitouren und Mountainbike-Abenteuer, etwa zur über 2500 Meter hohen Flatschspitze. Apropos Ski: Das örtliche Skigebiet Zirog wurde bereits in den 1980er-Jahren stillgelegt und bietet heute stattdessen wieder einen ursprünglichen naturnahen Raum für Ruhe, Erholung und Naturgenuss.

← Mountainbiker auf der Blaser-Mountainbiketour bei Steinach am Brenner im Wipptal
↓ Die Maria-Hilf-Kapelle ist auch als Kapelle der Brennertherme bekannt, befindet sie sich doch im gleichnamigen Weiler am Brennerpass.

INFO

HINAUF ZUR ENZIANHÜTTE

Zahlreiche schöne Wanderwege führen hinauf zur 1894 Meter hoch gelegenen Enzianhütte im ehemaligen Skigebiet Zirog. Heute ist das Areal ein beliebtes Wander- und Skitourengebiet. Die urige, rustikal-gemütliche Almhütte bietet einen herrlichen Blick auf die Stubaier Alpen. Von hier aus starten Bergtouren etwa auf den Wolfendorn (2776 Meter), die Flatschspitze (2566 Meter) und die Rollspitze (2850 Meter).

ÜBER DIE GRENZE

Die Sattelbergalm (1637 Meter) liegt in einem ehemaligen Skigebiet, jedoch jenseits der Grenze oberhalb vom österreichischen Gries am Brenner. Auch hier kann man übernachten und alpines Flair genießen.

2

»STOANERNE MANDLN«

KRAFTPROTZE AUS STEIN

»Stoanerne Mandln« – steinerne Männer also – nennen die Einheimischen die übermannshohen Säulen aus Sandstein auf dem sagenumwobenen Almrücken der Hohen Reisch hoch über dem Sarntaler Hauptort Sarnthein. Es ist ein mythischer Ort ... und einer der schönsten Aussichtspunkte.

Zuerst die Aussicht: Auch ohne die »Steinmänner«, wie die Sarner sie nennen, würde sich ein Ausflug auf die 2003 Meter hoch gelegene Bergkuppe Hohe Reisch lohnen. Das Panorama von oben ist fantastisch. Dem Besucher erschließt sich die gesamte Dolomitenkulisse bis hin zur Marmolata. Natürlich ein besonderes Erlebnis bei schönem Wetter, aber gerade an Schlechtwettertagen, wenn die Nebelschwaden über den Berg wabern, hat der sagenumwobene, geheimnisvolle Ort seinen ganz besonderen Reiz.

Ein wahrer Kraftort

Dabei sind Steinsäulen in den Alpen und eben auch in Südtirol eigentlich nichts Außergewöhnliches. Zu ihrer Entstehung gibt es aber mehrere Theorien. Eine lautet, dass sie oft als eine Art Wegweiser gedient und Bergwege markiert hätten. Hoch, und damit von Weitem sichtbar. Eine andere besagt, dass die Säulen von gelangweilten Hirten, die viel Zeit hatten, aufgeschichtet worden sind. Beide Varianten treffen aber für die über 100 Stoanernen Mandln hier wohl nicht zu, wie Gravuren in den Felsblöcken und hier gefundene steinzeitliche Feuersteinwerkzeuge vermuten lassen. Vielmehr weisen die Ritzzeichen auf eine vorchristliche Kultstätte hin.

Etliche Legenden und Sagen aus der Gegend beschreiben den Standort der Steinmänner als geheimnisvollen Hexentanzplatz. So sollen sich hier der Teufel und die Hexen der ganzen Region zu ausschweifenden Orgien getroffen haben. Das Gewittermachen und Verspeisen von entführten Kindern sind nur einige der Vorfälle, die sich hier zugetragen haben sollen. Auch die Pachler Zottl, die wohl bekannteste Sarner Hexe aus dem Weiler Windlahn, soll hier ihr Unwesen getrieben haben. Vermutet wurde auch schon, dass die Stoanernen Mandln als antike »Blitzableiter« errichtet worden sind, um so die umliegenden Almen vor Blitzen zu schützen. Die genaue Entstehung der Steinmänner ist aber nach wie vor unklar. Sehr plausibel scheint zu sein, dass Menschen, die den Kraftplatz besucht haben, als Brauch diese Säulen immer weiter aufschichteten.

Wandern an der Waldgrenze

Eine gemütliche Rundwanderung über gut ausgeschilderte Wanderwege dauert ab der Sarner Skihütte etwa drei Stunden. Während dieser schönen Wanderung läuft man durch Wälder und über Almen direkt an der Waldgrenze, von wo aus die seltsamen Stoanernen Mandln bereits gut sichtbar sind. Unterwegs bietet sich eine Rast auf der Auener Alm an.

INFO

SCHNEESCHUHWANDERN

Wer herrliche Landschaft aktiv und ohne Touristenmassen erleben möchte, ist im Sarntal gut aufgehoben. Im Winter gehört das Schneeschuhwandern zu den ursprünglichsten Aktivitäten. Die verschneiten Wälder und Hänge liegen still da. Auf leisen Sohlen stapft man durch die traumhafte Region und ist dabei ganz bei sich. Allerdings sollte man über eine gute Kondition verfügen, zumindest wenn man eine große Tour plant, etwa von Durnhold hoch zur Fortschellscharte (ca. 800 Meter, über fünf Stunden). Aber es gibt auch viele kurze Wanderrouten in Ortsnähe.

EISLAUFEN

Ein beliebtes Freizeitvergnügen im Sarntal ist das Eislaufen, im Winter beispielsweise im Eislaufzentrum in Sarnthein, wo auch Eishockeyspiele und Eisstockwettbewerbe stattfinden. Der Durnholzer See verwandelt sich darüber hinaus jeden Winter in einen großen, wunderbaren Eislaufplatz inmitten der grandiosen Bergwelt des Sarntals.

← Die »Stoanernen Mandln« – übermannsgroße Säulen aus Sandstein – thronen hoch über dem Sarntal.
↑ Winterwandern durch eine bezaubernde Landschaft am idyllisch gelegenen Durnholzer See

3

BARBIANER WASSERFÄLLE

WILDE WASSER

Es ist ein schmucker Ferienort, der da an einem sonnigen Hang oberhalb des Eisacktals und unterhalb des Rittens liegt. Und Barbian hat gleich zwei einzigartige Sehenswürdigkeiten, die den Ort in Südtirol bekannt gemacht haben: seine Architektur sowie seine wilde Natur.

Barbian, umgeben von Weinbergen, Kastanienhainen, Wiesen und Wäldern, hat sich schon in den Anfangstagen des Tourismus großer Beliebtheit erfreut und einen Namen gemacht. Große Geister wie Siegmund Freud kamen gern zu Besuch. Freud wird das erste Wahrzeichen vermutlich sofort ins Auge gesprungen sein: der schiefe Kirchturm der Pfarrkirche St. Jacobus. Er soll sogar noch schiefer sein als der schiefe Turm von Pisa.

Eine andere Sehenswürdigkeit ist nicht so offensichtlich, sondern liegt ein wenig versteckt im Wald: die Barbianer Wasserfälle. Unterhalb des 2260 Meter hohen Rittner Horns bahnt sich der Ganderbach seinen Weg vom Hochplateau Ritten hinunter nach Kollmann, wo er in den Eisack mündet. Auf seinem relativ kurzen Weg überwindet er beeindruckende 1510 Höhenmeter. Oberhalb von Barbian stürzt der Bach über insgesamt acht Kaskaden und drei Wasserfälle mehr als 200 Meter in die Tiefe. Der Untere Wasserfall ist mit 85 Metern der höchste, der Obere Wasserfall auf 1214 Meter Höhe misst 45 Meter.

Gewaltiges Naturschauspiel

Vom schiefen Kirchturm folgt man einfach den Hinweisschildern »Zum Wasserfall«. Zuerst geht es die Dorfstraße entlang, dann auf einem gepflegten Weg über Wiesen und vorbei an malerischen Bauernhöfen – mit wunderbarem Blick über das Eisacktal bis hin zum Schlernmassiv. Schließlich führt der Weg in den Wald und zwischen großen Felsbrocken hindurch. Nach etwa einer halben Stunde erreicht man den Unteren Wasserfall. Wer noch weiter möchte, steigt einen schmaleren (und steileren!) Steig, der teilweise durch Drahtseile gesichert ist, empor und gelangt so nach circa 40 Minuten zum Oberen Wasserfall.

Beeindruckend sind vor allem die dunklen Felsen des Bozener Quarzporphyrs, ein etwa 280 Millionen Jahre altes Vulkangestein. Unvergesslich ist ein Besuch des Wasserfalls zur Schneeschmelze im April und Mai, wenn gewaltige Wassermassen tosend die Hänge über Barbian hinunterstürzen. Für den Rückweg nach Barbian nimmt man am besten nicht den gleichen Weg, sondern einen etwas nördlich gelegenen Steig durch den Wald. In der Nähe dieses Naturschauspiels befindet sich zudem der Weiler Bad Dreikirchen an der Stelle eines antiken Quellheiligtums, wo heute drei kleine, aneinandergebaute gotische Kapellen stehen. In den Kirchen sind sehr schöne Fresken und gotische Flügelaltäre zu entdecken.

← Die Barbianer Wasserfälle bieten Wanderern ein eindrucksvolles Naturschauspiel.
↓ Die gut erhaltenen Innenräume der mittelalterlichen Trostburg, in denen sich auch das Burgenmuseum befindet, sind absolut sehenswert.

INFO

EINKEHR IM HOTEL BRIOL

Auf 1310 Meter Höhe schmiegt sich das kleine Hotel Briol in die satten Bergwiesen oberhalb von Barbian. Das geschichtsträchtige Haus mit seiner spannenden kubischen Form in bestem Bauhausstil liegt fernab vom Alltagstrubel. Es wurde Ende der 1920er-Jahre erbaut und weitestgehend erhalten (was auch den eher geringen Komfort erklärt). Wer hier nicht nächtigen will, sollte unbedingt zum Essen einkehren, denn das Ambiente ist einzigartig. Der Speisesaal ist mit aufwendigen Detailmalereien verziert und mit original Lanzinger-Stühlen ausgestattet. Er wurde seit 1928 nicht verändert, nur behutsam restauriert.
briol.it

IM INNEREN DER TROSTBURG

Auf der gegenüberliegenden Talseite von Barbian liegt die bereits 1173 erstmals urkundlich erwähnte Trostburg. Eine Besichtigung der mittelalterlichen Burganlage mit dem Südtiroler Burgenmuseum lohnt sich nicht nur für ausgewiesene Burgenfans.
burgeninstitut.com

4

SARNTALER HUFEISENTOUR

BERGERLEBNIS HOCH SIEBEN

Wenn schon Bergwandern, dann aber richtig. Die Sarntaler Hufeisentour bietet genau das: sieben Tage hochalpine Wander- und Bergerlebnisse auf wenig begangenen Pfaden und urigen Hütten in einer einzigartigen Bergwelt, vollgepackt mit unvergesslichen Natureindrücken im Herzen Südtirols.

Sieben Tage von Gipfel zu Gipfel und von Hütte zu Hütte? Die Sarntaler – oder auch Sarner Hufeisentour ist eines der absoluten Highlights in Südtirol für ambitionierte Bergwanderer. Sie führt über die beiden Bergkämme der Sarntaler Alpen, die das Sarntal östlich und westlich begrenzen. Der Übergang von dem einen zum anderen Bergkamm wird am Ende des Sarntals durch das Penser Joch gebildet – die beiden Bergrücken und das 2211 Meter hohe Penser Joch bilden gemeinsam die Form eines Hufeisens. Der Höhenweg kann in beide Richtungen begangen werden. Bei der Angabe von sieben Tagesetappen ist man sich in Alpinistenkreisen weitgehend einig, die Kilometerangaben schwanken jedoch – je nach Quelle und Varianten – zwischen 77 und etwa 93 Kilometern. Der Weg führt in einer Höhe von 2000 Metern und darüber durch eine idyllische und naturbelassene Landschaft, über steiniges und felsiges Gelände, aber auch über Almwiesen, durch Hochmoore und dichte Latschenfelder. Unter Umständen begegnet man an einem Tag kaum einem anderen Menschen – auch wenn die Tour in den letzten Jahren immer beliebter geworden ist. Große Höhenunterschiede vermeidet der Weg weitestgehend, aber »Gipfelabstecher« sind immer eine mögliche Option.

← Die Flaggerschartenhütte am Flaggersee am Ostkamm der Sarntaler Alpen ist ein beliebtes Ziel für Bergwanderer.

Die Hufeisentour ist ein Rundweg, im Prinzip sind daher verschiedene Ausgangspunkte möglich. Am gebräuchlichsten sind Bozen (östlicher Kamm) und das Sarntal (westlicher Kamm), und die meisten Bergwanderer beginnen ihre Mehrtageswanderung tatsächlich in der Südtiroler Landeshauptstadt. Von dort geht es erst einmal ganz gemächlich mit der Seilbahn auf den Ritten nach Oberbozen, weiter mit der historischen Schmalspurbahn nach Klobenstein und dann mit der Rittner-Horn-Seilbahn auf die Schwarzseespitze (2071 Meter). Hier oben genießt man eine überwältigende Aussicht. In südlicher Richtung befinden sich Bozen und die Dolomitengipfel.

Übernachten auf der Hütte

Über den Panoramaweg geht es von der Schwarzseespitze zum Rittner-Horn-Haus, über die Hochmoore der Villanderer Almen wandert man zur Fortschellscharte und vorbei an zwölf Berggipfeln zur 2431 Meter hoch gelegenen Marburger Hütte. Abgehärtete Wanderer schwimmen gerne noch eine Runde im Flaggersee. Man sollte allerdings rechtzeitig daran denken, die Übernachtungen bei Unterkünften wie der Marburger Hütte oder dem Rittner-Horn-Haus zu reservieren. Dann kann man sich abends nach den Anstrengungen des Tages im gemütlichen Ambiente mit kräftiger Südtiroler Hausmannskost stärken und morgens ausgiebig frühstücken.

Auf dem weiteren Weg erreicht man mit dem Penser Joch den nördlichsten Punkt der Route. Vorbei am Grölljoch und am Sarner Weißhorn muss man nun sogar absteigen, denn der Weg führt jetzt hinunter ins Oberbergtal nach Weißenbach (1335 Meter) – alternativ gibt es eine Variante über den 2781 Meter hohen Hirzer, den höchsten Berg der Sarntaler Alpen.

In Weißenbach nimmt man dann den Linienbus oder ein Taxi und fährt nach Aberstückl. Von hier aus wandert man wieder stetig bergauf durch das Sagbachtal – eine Weile geht es über den sogenannten Sagenweg – und über Almen zur knapp 2000 Meter hoch gelegenen Meraner Hütte. Die letzte Etappe der Sarner Hufeisenrunde führt schließlich über das hügelige Gelände des Tschögglbergs. Am Ende der siebentägigen Wanderung kann man von Jenesien (1078 Meter) mit der Jenesier Kabinenbahn wieder nach Bozen hinuntergondeln.

Teiletappen auch für Familien

Doch man muss nicht unbedingt die gesamte Hufeisenrunde erwandern. Dank der zahlreichen Einstiegsmöglichkeiten sind auch verschiedene Tagestouren gut machbar. Und der Höhenweg ist sogar für Familien mit Kindern geeignet, zumal er generell keine besonderen technischen Schwierigkeiten aufweist und einige Abschnitte für gewöhnlich sogar ganzjährig begehbar sind. Familien können etwa über die Kabinenbahn in Reinswald einen besonders leichten Zugang zur Sarntaler Hufeisentour erlangen. Von der Bergstation Pichlbergalm (2130 Meter) führt in beide Richtungen der Themenweg »Urlesteig – das Naturerlebnis im Sarntal«. Auf dem Themenweg können Kinder und Jugendliche verschiedene Herausforderungen bewältigen und etwa durch einen hohlen, fünf Meter langen Baumstamm über einen Fluss klettern, auf der Maulwurfrutsche unter die Erde gelangen oder sich auf der Wiesenblumenschaukel in die Höhe schwingen.

Der »Sagenweg« in Aberstückl ist eine spannende Erlebniswanderung oberhalb des kleinen Weilers Aberstückl über die Sagbachschlucht bis zur Durralm. Eltern und Kinder können auf dieser Etappe ein Quiz mit neun verschiedenen Sagen und Legenden lösen. Von der Getrumalm wiederum ist das Latzfonser Kreuz in den östlichen Sarntaler Alpen in etwa anderthalb Stunden erreichbar.

Auf dem Weg in Richtung Pfnatschalm dreht sich alles um das Thema Wasser. Der Nachwuchs kann auf spielerische Weise mit Wasserrädern und Wasserläufen experimentieren oder auf einem Holzfloß über einen Teich setzen.

↖ Die Rittner Schmalspurbahn lädt zur gemütlichen Erkundung des Hochplateaus bei Bozen ein.
← Die Haflinger sind die bekanntesten Pferde Südtirols und auf dem Hochplateau zu Hause.
↗ Das Latzfonser Kreuz bei Klausen bei Sonnenuntergang – auch der Mond ist schon zu sehen..

INFO

PENSER JOCH

Das 2211 Meter hohe Penser Joch am nördlichsten Punkt der Sarntaler Hufeisentour verbindet das Sarntal mit dem Wipptal (Wintersperre beachten!) und ist der perfekte Ausgangspunkt für zahlreiche Tageswanderungen und Gipfelbesteigungen. Es ist mit dem Auto erreichbar, und es gibt genügend Parkplätze. Zudem ist die Aussicht auf die umliegende Bergwelt grandios. Eine etwa dreistündige Wanderung führt beispielsweise auf gut ausgebauten Wegen vom Joch auf den 2422 Meter hohen Zinseler, einen beliebten Aussichtsberg. Vom Gipfel hat man eine wunderschöne Aussicht ins Eisacktal und auf Sterzing sowie auf die Dolomiten und die Zentralalpen. Eine andere, kurze Rundwanderung führt von der Passhöhe zum Gänsekragen.

GASTHOF ALPENROSE

Wer es gemächlicher angehen möchte oder nach der Wanderung eine Stärkung braucht, für den ist die Terrasse des Gasthofs Alpenrose der richtige, an schönen Tagen in der Hochsaison allerdings auch recht volle Ort. Die Aussicht ist fantastisch, das Essen bodenständig gut, und während der Hufeisenrunde, aber auch für einen mehrtägigen Wanderaufenthalt kann hier bequem übernachtet werden.
penserjoch.com

Zauberhaftes Farbenspiel: die Mohnblüte in Jenesien

5

RITTEN

GANZJÄHRIGE SOMMERFRISCHE FÜR GENIESSER

»Nah an der Stadt und fern vom Trubel!«, so lautet das Motto am Ritten oberhalb von Bozen. Das Sonnenplateau unterhalb des Rittner Horns punktet mit einem 360-Grad-Panoramablick auf schneebedeckte Südtiroler Berge, herrlichen Touren zu Fuß, auf Skiern oder mit dem Bike und nicht zuletzt mit köstlicher alpiner Kulinarik und Südtiroler Gastlichkeit.

Wer einmal oben ist auf dem Ritten, der bleibt zumeist auch etwas länger. Und wer die Romantik am Berg kurz verlassen muss: Die Rittner Seilbahn schwebt von Oberbozen auf dem Sonnenplateau in zwölf Minuten in die Südtiroler Landeshauptstadt. Der Ritten, das sind insgesamt 14 Dörfer und Weiler. Zu den bekanntesten gehören Oberbozen, Ritten und Klobenstein. Mehrere Orte hier sind durch die Rittner Bahn, eine alte, sehr beliebte Schmalspurbahn, verbunden.

Wenn nicht sogar der Tourismus, so wurde mit Sicherheit die Sommerfrische hier erfunden. Die Sommer sind angenehm warm, viel klarer und nicht so drückend wie unten im Tal. Daher wussten bereits im 17. Jahrhundert die wohlhabenden Bürger und Kaufleute der Stadt Bozen den Ritten zu schätzen und bauten sich hier ihre Sommerhäuser.

Die Erdpyramiden

Eine der Attraktionen sind die Erdpyramiden. In Lengmoos, Oberbozen und Unterinn können die bizarr anmutenden Lehmkegel bewundert werden. Für ihre Entstehung wird lehmiger, feinkörniger Boden benötigt, in den auch größere Steine eingebettet sind. Besonders gute Bedingungen bieten Moränenablagerungen wie am Ritten, die bereits zu einem bestimmten Grad verfestigt sind und sich in einer windgeschützten Lage im steilen Gelände befinden. Die klimatischen Voraussetzungen sind starke Regenfälle, die sich mit längeren Trockenphasen abwechseln. Das Regenwasser wäscht immer tiefere Rillen in den Hang. Während der Trockenphasen härtet das Material aus und bildet widerstandsfähige Flanken. Ein größerer Stein, durch dieses Auswaschen freigelegt, bildet ein Dach für das darunterliegende Material. Im Lauf von mehreren Tausend Jahren wird so ein Erdkegel geformt, und die Erdpyramide entsteht.

Kastanien und Bienen

Der Herbst ist am Ritten, wie überhaupt in weiten Teilen Südtirols, dem Törggelen gewidmet. Der »Keschtnweg« führt über das Hochplateau, eine herrliche Panoramaetappe, die am besten mit gebratenen Kastanien und jungem Wein abgerundet wird. Bekannt ist der Ritten aber auch für seine Bienen und den Honig. Der Plattner Hof ist etwa 600 Jahre alt und damit einer der ältesten Bauernhöfe am Ritten. Er beherbergt ein spannendes Museum über das Leben der Bauern in früheren Zeiten. Im Stadelteil des Hauses erfährt man alles über Bienen und die Honiggewinnung.

INFO

VIELFÄLTIGE GASTRONOMIE
Am Ritten ist das nächste Gasthaus, die nächste Hütte nie weit. Biologische und regionale Produkte – so lautet das Motto der meisten Betriebe. Und natürlich finden sich zahlreiche Hof- und Buschenschänken, wo deftige Südtiroler Spezialitäten auf den Tisch kommen. Einen Besuch lohnt etwa die Hofschänke auf dem Moserhof in Klobenstein. Auf der sonnigen Terrasse und in der gemütlichen Stube wird bodenständige Hausmannskost, etwa Schlutzkrapfen oder Knödel mit Speck oder Käse, serviert.
moserhof.org

STERNENGEKRÖNT
Mit einem Michelin-Stern und dem Grünen Stern für Nachhaltigkeit kann sich das Restaurant 1908 in Oberbozen schmücken. Im entspannten, stilvollen Ambiente kreiert Küchenchef Stephan Zippl spannende Gerichte wie Lachsforelle, Kürbis, Zitronengras, Rettich oder Raviolo, Grünkohl, Bierhefe und fermentierte Birne. Und wer es nach einem opulenten mehrgängigen Menü nicht mehr so weit bis ins Bett haben will, kann im zum Restaurant gehörenden Parkhotel Holzner übernachten.
restaurant1908.com

← Sankt Nikolaus in Mittelberg am Ritten im herbstlichen Farb- und Lichtspektakel
↑ Bizarre Felsformationen bilden die Erdpyramiden auf dem Ritten bei Mittelberg.

6

SALTEN

EINZIGARTIGE NATURLANDSCHAFT

Der Salten am Tschögglberg bei Jenesien unweit von Bozen ist Europas größtes Lärchenhochplateau, auf dem man wundervolle Wanderungen und Biketouren unternehmen kann, ohne von Touristenmassen überrollt zu werden – auch wenn der Salten ein ideales Ausflugsziel für die ganze Familie ist.

Hier oben herrscht Idylle pur. Und das bei ungefähr 300 Sonnentagen im Jahr. Auf 1000 bis 1500 Meter Meereshöhe, zwischen den Orten Jenesien und Mölten, erstrecken sich einzigartige Lärchenwiesen. Unzählige Wanderwege – insgesamt etwa 300 Kilometer – mit gemäßigten Steigungen laden zu ausgiebigen Spaziergängen und Wanderungen, aber auch zu Biketouren durch dieses grandiose Naturareal am Tschögglberg ein, der sich über Hafling, Vöran, Mölten und Jenesien erstreckt.

Leuchtendes Farbspiel

Dabei werden die Bergwiesen bis heute auch landwirtschaftlich genutzt. Immer wieder sind am Wegesrand auf den Almen Kühe und weidende Haflingerpferde – der Tschögglberg gilt als ursprüngliche Heimat der Pferde mit der blonden Mähne – zu sehen. Besonders eindrucksvoll ist das Naturerlebnis im Herbst. Dann gibt es hier oben einen auch für Südtirol fast einzigartigen »Indian Summer«. Die Nadeln verfärben sich, und die Bäume leuchten – als einzige Nadelbäume überhaupt! – in Gelb und Orange. Auch die sogenannte Urlärche, deren genaues Alter nicht bekannt ist, erstrahlt im Sonnenlicht. Mit ihrer Höhe von 21 Metern sticht sie deutlich aus ihrer »Lärchenumgebung« hervor.

Gebildet hat sich der Höhenrücken, wie übrigens der nahe gelegene Ritten und der Regglberg auch, vor Jahrmillionen durch vulkanische Aktivitäten, wodurch das für die Region typische Gestein, das Bozener Quarzporphyr, entstanden ist.

Vom »Sauschloss« und der »Butterhexe«

Wie so viele Orte in Südtirol ist auch der Salten ein sagenumwobener Platz. Nur natürlich, dass es hier einen Sagenweg gibt. Der rot-weiß markierte Wanderweg beginnt beim Parkplatz Salten in Jenesien und führt über das Hochplateau vorbei an 15 Stationen, an denen Sagen erzählt werden: etwa, warum das Schloss Greifenstein »Sauschloss« genannt wird, die Sage von der versunkenen Stadt oder von der »Butterhexe« von Afing. Dabei kommt man an zahlreichen »Schupfen«, kleinen Hütten, vorbei, für die der Salten neben den Lärchenwiesen bekannt ist. Zudem gilt Jenesien erstaunlicherweise als Ort mit den meisten Kastanienbäumen in Südtirol. Während der Sagenwanderung kann man etwa im Gasthof Edelweis sehr gut einkehren. Andere beliebte Wanderwege sind der Holzfällerweg und der Burgenweg »Castelronda«.

← Herbststimmung auf dem Salten in Jenesien mit Europas höchstgelegenen Lärchenwiesen
↓ Pferdeliebhaber kommen hier auf ihre Kosten – auf dem Rücken der Haflinger ist der Salten zu jeder Jahreszeit einen Ausritt wert.

INFO

AUF DEM RÜCKEN DER HAFLINGER

Jenesien ist die Heimat der Haflinger und verfügt über zahlreiche Reiterhöfe und Reitställe. Bei den Haflingerpferden, die für ihre blonde Mähne und ihr sanftes Wesen bekannt sind, kommen Reitfreunde in der traumhaften Landschaft auf ihre Kosten. Das eher sanfte Gelände am Tschögglberg ist wie geschaffen für Anfänger und Fortgeschrittene, die sich bei einem der Reiterhöfe für einen Stunden-, Gelände- oder Trekkingritt anmelden können. Kinder starten mit einem Ponyritt ... und weniger Mutige mit einer Kutschfahrt, übrigens auch im Winter.

HAFLINGERMUSEUM

Wer sich fürs Reiten so gar nicht begeistert, kann stattdessen das Haflingermuseum in Jenesien besuchen. In der umfangreichen Ausstellung werden - beispielhaft anhand von Gerätschaften, bäuerlichen Gebrauchsgegenständen und Werkzeugen das traditionelle Leben und die Arbeitsweise der Südtiroler Bauern gezeigt.

8

PFLERSCHTAL

VIELLEICHT DAS SCHÖNSTE TAL SÜDTIROLS?

Ein Geheimtipp für echte Naturliebhaber. Obwohl es gut zu erreichen ist, bietet es jede Menge Ruhe und eine noch unverbrauchte Idylle. Zudem gibt es zahllose Möglichkeiten für aktive Urlauber. Die kommen in bodenständigen Pensionen und Gasthäusern unter und genießen die schmackhafte Südtiroler Küche.

Fährt man über den Brenner nach Bella Italia und nimmt dabei statt der Brenner-Autobahn die alte Brenner-Bundesstraße, so ist Gossensaß im oberen Eisacktal die erste größere Gemeinde auf der Fahrt in den Süden – ein schmucker Ort mit einem alten, sehenswerten Dorfkern und vielen Freizeitmöglichkeiten.

Von Gossensaß aus lohnt sich für (kürzer oder länger) ein Abstecher in das weitestgehend naturbelassene Pflerschtal, das von dort nach Westen abzweigt. Rund 16 Kilometer schlängelt sich das Tal in Richtung Stubaier Alpen bis zum Talende mit dem Feuersteingletscher, eindrucksvoll umgeben von zahlreichen Zwei- und Dreitausendern. Die Gebirgszüge zu beiden Seiten des Pflerschtals laden in erster Linie zum Wandern, Bergsteigen und Mountainbiken ein.

Hauptort des Pflerschtals ist das auf über 1200 Meter Höhe gelegene hübsche St. Anton. In dem gemütlichen Dorf kann man wunderbar abschalten, zur Ruhe kommen und die reizvolle Umgebung genießen. Ansonsten gibt es im Tal nur vereinzelte Streusiedlungen und Weiler. Im »Pflersch« wird aber auch noch die typische Kultur der Bergbauern mit ihren Bräuchen und Festen gepflegt.

Unterwegs im »Silbertal«

Der Name »Silbertal« deutet auf die Geschichte des Tals hin, als im 15. und 16. Jahrhundert erfolgreich Bergbau betrieben und Silber geschürft wurde. Einige Relikte aus jener Zeit sind noch in Form von alten, stillgelegten Stollen sichtbar. Spannende Einblicke in Geologie, Pflanzen- und Tierwelt des Pflerschtals eröffnet der »Dolomieu-Weg«, der als Lehrpfad angelegt ist und vom Roßkopf beim nahe gelegenen Sterzing bis in den Talschluss zur Ochsenalm führt.

Das Tal ist auch ein Eldorado für Bergsteiger. Zwar sind die Berge rund um Pflersch nicht ganz so bekannt wie der Ortler, der Langkofel oder die Drei Zinnen, das Bergerlebnis ist dennoch grandios. So kann man beispielsweise die über 3000 Meter hohen Gipfel von Schneespitze und Weißwand im Tourengebiet der Magdeburger Hütte am mystischen Rocholsee (hier befindet sich auch eine Übernachtungsstation während der Sarntaler Hufeisentour, s. S. 31 ff.) in Angriff nehmen. Von der Magdeburger Hütte folgt man dem Pflerscher Höhenweg über die Weißwand und den Hohen Zahn zur auf 2369 Meter Höhe gelegenen Tribulaunhütte und kann von dort wieder zurück ins Tal absteigen – allesamt absolute Toptouren.

← Die Allrissalm im Pflerschtal in den Stubaier Alpen lädt zu Wanderungen ein.
↓ Auf dem Weg trifft man immer wieder auf Wasserfälle – manche sorgen für ein familientaugliches Abenteuerfeeling.

INFO

WASSERFÄLLE SATT

Im Hauptort St. Anton beginnt der »Wasserfallweg«, eine wirklich erlebnisreiche Rundwanderung. Er führt nicht nur an zahlreichen Wasserfällen vorbei, sondern bietet auch traumhafte Ausblicke auf die Stubaier Alpen und den mächtigen Tribulaun (3097 Meter), der wie ein Wächter über dem Tal thront. Die Hauptattraktion der Wanderung ist der Wasserfall Hölle, ein mächtiges Naturdenkmal. Er stürzt in der Schlucht des Fernerbachs 46 Meter in die Tiefe. Kurz vor dem Wasserfall gibt es einen sehr schönen Aussichtspunkt.

IN TRADITIONELLER TRACHT

Der Besuch der Wasserfälle lässt sich gut mit einer Einkehr auf der Allrissalm (1534 Meter) verbinden. Die sommers wie winters bewirtschaftete Hütte ist bei Einheimischen und Gästen gleichermaßen beliebt. Auf der Sonnenterrasse mit Panoramablick auf den Tribulaun und in der urig-gemütlichen Stube werden regionaltypische Almgerichte serviert. Und das – darauf legt Familie Staudacher Wert – in Lederhose und Dirndl. Der Aufstieg zur Alm ist familienfreundlich, und Kinder freuen sich über den hütteneigenen, großen Spielplatz. Im Winter gibt es eine eigene Rodelbahn.

Wer früh aufsteht, kann die Morgenstimmung am Stubensee hoch über dem Pflerschtal genießen.

9

EISACKTALER »KESCHTNWEG«

AUF DEN SPUREN DER KASTANIE

Die »Keschtn«, also die Kastanien, sind eine der Spezialitäten in Südtirol. Und der Herbst ist ihre Zeit. Der mehrere Etappen lange Themen- und Fernwanderweg führt mit vielen Genussstopps von Vahrn bei Brixen entlang der Hänge des Eisacktals durch ein durchgehendes Band von Kastanienhainen bis zum legendären Schloss Runkelstein.

Besser könnte der Ausgangspunkt des »Keschtnwegs« nicht gewählt sein: Der Kastanienhain bei Vahrn gilt als der älteste seiner Art in Südtirol. Von hier aus laufen Genusswanderer 63 Kilometer bis zum Ziel bei Schloss Runkelstein. Obwohl: Seit 2021 kann man noch rund 27 Kilometer weiter auf den Spuren der Kastanien (und auch des Weins) wandern, denn es wurde eine Etappe bis in die Nähe von Terlan an der Weinstraße angehängt – Gesamtlänge dann 90 Kilometer. Der Klassiker endet aber bei Schloss Runkelstein.

Besonders beliebt ist die Strecke natürlich im Herbst, zur Zeit des Törggelens Anfang September bis Ende November. Dann ist auch die Hochzeit der Buschenschanken. Man wandert von Buschenschank zu Buschenschank, verkostet den »Nuien«, den ersten neuen Wein, stärkt sich mit deftigen Südtiroler Spezialitäten wie Speckknödeln – und natürlich mit Kastanien. Zu dieser Zeit ist auch die hinzugekommene letzte Etappe sehr interessant, verläuft sie doch durch Weinberge und Weindörfer und zu so manch weiterem Buschenschank.

Ein »Brotbaum« für die Armen

Die Kastanie wurde wahrscheinlich von den Römern in den Norden gebracht. Sie hatte schon vor Jahrhunderten – insbesondere im Mittelalter – für viele Menschen in Südtirol eine große Bedeutung. Die Früchte des Kastanienbaums waren ein wichtiges Nahrungsmittel, lieferten Eiweiß, Vitamine und viele Spurenelemente. Die Kastanie wurde daher auch als »Brotbaum« bezeichnet. Besonders die ärmere Landbevölkerung profitierte von ihr. Zwar hatte die Kastanie auch in anderen Teilen Europas ihre Bedeutung, aber wohl nur in Südtirol hat sich solch eine einzigartige Kastanienkultur entwickelt und erhalten.

Malerische Künstlerstadt Klausen

Der markierte, gut ausgeschilderte »Keschtnweg« führt durch farbenprächtige Mischwälder, über sattgrüne Wiesen und durch mächtige Kastanienwälder – ein echtes Naturerlebnis. In der Regel geht man den Weg in vier Etappen, es gibt aber ebenso Beschreibungen von sechs Etappen, und natürlich können die Etappenorte variieren. Los geht es, wie schon erwähnt, in Vahrn. Alternativ kann man aber auch auf dem Domplatz in Brixen starten. Oder am sehenswerten Kloster Neustift.

Die Highlights der ersten Etappe sind neben Brixen vor allem Schloss Velthurns (wer möchte, kann die erste Etappe

→ Eindrucksvolles Fresko im Innenhof von Schloss Runkelstein

← Der schmucke Ort Laien bei Klausen liegt über dem Eisacktal.
↙ Geröstete Maronen sind eine typische Südtiroler Spezialität.
↘ Der Obstanbau – hier Golden-Delicious-Apfelbäume – prägt in einigen Regionen Südtirols das Landschaftsbild.

bereits im etwas abweichend vom Schloss geschriebenen Feldthurns beenden), das bekannte Kloster Säben (kurzer Abstecher) und schließlich der Etappenort Klausen mit der Burg Branzoll, die über die Stadt wacht, und einer sehenswerten Altstadt mit romantischen mittelalterlichen Gassen. Schon vor über 100 Jahren hatte Klausen einen besonderen Ruf als Künstlerstadt.

Hier startet außerdem die zweite Etappe, die beispielsweise bis Saubach führen könnte. Aber auch Barbian ist eine gute Endstation des zweiten Tagesabschnitts. Der schiefe Turm der Dorfkirche fällt dem Keschtnwanderer natürlich sofort ins Auge.

Wälder, Wiesen, Weinberge

Der Weg nach Barbian führt durch prächtige Kastanienwälder, über Obstwiesen, durch die wildromantische Schlucht des Zargenbachs und durch den schönen Ort Villanders mit der St. Stephanskirche und prächtigen Häusern. Die nächste Etappe erstreckt sich von Barbian zum Hochplateau Ritten. Als Etappenziel bieten sich hier die kleinen Orte Leitach und Unterinn an. Auf dieser Tagestour geht es immer schön bergauf und bergab. Da trifft es sich gut, dass man am Wegesrand nicht nur auf Gasthäuser und Buschenschanken trifft, sondern immer wieder auch auf Höfe, die ihre lokalen Produkte anbieten und wo man sich zu einer Jause niederlassen kann.

Die letzte Etappe führt von Unterinn über Bozen und die St. Oswald-Promenade zum Schloss Runkelstein. Zwar könnte man von Unterinn auch mit dem Linienbus nach Bozen fahren, aber der Weg lohnt das Wandern, zumal es meistenteils bergab geht. Unterwegs führt die Tour durch Laubwälder und vorbei an Weinbergen, wobei sich auf der Strecke immer wieder schöne Ausblicke bieten, etwa auf die Erdpyramiden am Ritten oder das eindrucksvolle Bergmassiv des Schlerns. Zudem passiert man Törggele-Hochburgen wie den kleinen Weiler Signat oder den Partschunerhof, die sich für eine Rast anbieten, auch wenn man von Unterinn noch nicht allzu lange gelaufen ist.

Endpunkt Schloss Runkelstein

So erreicht man relativ entspannt Schloss Runkelstein am Stadtrand auf einem Felsen von Bozen, den Endpunkt des »Keschtnwegs«, wenn man die neue Verlängerung in den Südtiroler Süden außer Acht lässt. Der gut erhaltenen mittelalterlichen Bilderbuchburg sollte man in jedem Fall noch ein wenig Aufmerksamkeit schenken, beherbergt sie doch den größten profanen Freskenzyklus des Mittelalters. Die Fresken erzählen von Rittern, Hofdamen, dem Leben am Hofe und bei der Jagd. Außerdem finden in Schloss Runkelstein im Sommer zahlreiche Veranstaltungen wie die »Runkelsteiner KLANGfeste« oder die »Sommerspiele« statt.

INFO

BESICHTIGUNG DES KLOSTERS SÄBEN

Hoch über Klausen thront inmitten von Weinbergen das ehemalige Kloster auf dem Säbener Berg, der auch der »Heilige Berg Tirols« genannt wird. Von hier aus wurde Südtirol christianisiert; die Heilig-Kreuz-Kirche, einer der bedeutendsten Wallfahrtsorte Südtirols, war 400 Jahre lang Bischofssitz. Bis Ende 2021 lebten noch Nonnen im Kloster nach der Regel des heiligen Benedikt von Nursia: »Ora et labora et lege« (»Bete und arbeite und lies«). Zu Fuß gelangt man von Klausen in ungefähr 45 Minuten über die Säbener Promenade zum Kloster.

BUSCHENSCHANK-TIPP

Eine der schönsten Buschenschanken ist Moar zu Virersch. Der historische Törggele-Hof aus dem 9. Jahrhundert liegt direkt am »Keschtnweg«, etwas oberhalb von Pardell unweit von Feldthurns. Früher war der Hof ein Herrensitz. In der gemütlichen Stube serviert Familie Gasser heute die typischen Südtiroler Törggele-Gerichte und natürlich auch Kastanien. Dazu wird der eigene Wein ausgeschenkt.

Romantische Abendstimmung am Kloster Säben im Eisacktal

10

GILFENKLAMM

EINZIGARTIGES NATURSPEKTAKEL

Bei Ratschings im Wipptal gehen Wasser und weißer Marmor eine außergewöhnliche Verbindung ein. Das macht nicht nur den Wasserfall in der beeindruckenden Gilfenklamm in Südtirol so einmalig – auch die Wanderung dorthin ist fantastisch.

Die Gilfenklamm ist ein unbeschreibliches Naturerlebnis. Nicht umsonst ist sie als Naturdenkmal geschützt. Bei einer Wanderung durch die eindrucksvolle Schlucht zum Wasserfall, der mit lautem Getöse 15 Meter tief die Felsen hinunterstürzt, kann man die Naturgewalt »Wasser« mit allen Sinnen erleben. Der Ratschingser Bach verwandelt sich in seinem Lauf in ein wildes, schäumendes Gewässer, das sich durch die felsige Schlucht seinen Weg gebahnt hat. Das Besondere: Im Ratschingstal wurde und wird nach wie vor Marmor abgebaut. So hat sich der Bach 15 Meter tief durch den relativ weichen, weißen Marmor gegraben. An manchen Stellen zeigt er seine reinweiße Farbe, andernorts schimmert er grünlich oder gräulich durch seine Umgebung. Die Gilfenklamm ist die einzige Klamm der Welt, die sich durch reinweißen Marmor schneidet. Sie wurde bereits 1896 der Öffentlichkeit zugänglich gemacht und erhielt zwei Jahre später den Namen »Kaiser-Franz-Josefs-Klamm«, wie einer kleinen Gedenktafel zu entnehmen ist.

Der Wanderweg durch die Schlucht beginnt beim Dorf Stange (die Klamm ist aber auch von oben vom Weiler Jaufensteg aus begehbar), ist etwa 2,5 Kilometer lang und bietet atemberaubende Ausblicke auf die tosenden Wassermassen. In der sogenannten »Kirche«, einem riesigen Felstrichter, stürzt das Wasser senkrecht in die Tiefe. Der Weg führt vorbei an steil aufragenden Felswänden, über Holzstege, Treppen, Hänge- und Eisenbrücken – trotzdem ist das Naturschauspiel durchaus familientauglich. Und da, wo an den Wasserfällen die Sonne in die Klamm hineinscheint, erzeugen ihre Strahlen im Sprühnebel des Wassers viele kleine Regenbögen.

Lust auf Biken oder Skifahren?

Für den Winter kann das Skigebiet Ratschings-Jaufen getrost noch als Geheimtipp bezeichnet werden. Es ist schneesicher, verfügt über ein herrliches Bergpanorama und bietet 28 Kilometer Piste, acht moderne Liftanlagen, einen Funpark, eine Funslope, gemütliche Hütten und auch eine schöne Rodelbahn (Ratschings-jaufen.com). Während der wärmeren Monate des Jahres kann man, wenn etwas schneller vorankommen möchte, eine Radtour unternehmen, selbst wenn man keine eigene Ausrüstung dabeihat. Bei Rant an Go gibt es das komplette Equipment – vom Helm bis zum Bike, ob Junior-Bikes, E-Bikes, E-Tandems, Mountainbikes oder Rennräder – zum Ausleihen. Das gilt im Übrigen auch für Skiausrüstungen im Winter (rentandgo.it).

INFO

GEMÜTLICHE EINKEHR

In Jaufensteg, gleich am Eingang zum Ratschingstal, liegt der gemütliche Gasthof Jaufensteg. Er ist bestens für Familien und vielfältige Unternehmungen geeignet, mit neuen Zimmern und einem bodenständigen Restaurant mit Frischeküche.
jaufensteg.com

AUSFLUG NACH STERZING

Das charmante Sterzing ist die nördlichste Stadt Italiens und hat eine lange Geschichte als Handelsplatz und Bergbaustadt. Mit ihren prächtigen Bürgerhäusern, lebendigen Einkaufsstraßen und Sehenswürdigkeiten wie dem Zwölferturm, der Burg Reifenstein oder der Spitalkirche ist die Stadt ein abwechslungsreiches Ausflugsziel.
sterzing.com

← Holzbrücken und -stege führen vorbei an Wasserfällen durch die beeindruckende Gilfenklamm. ↑ Der Zwölferturm ist das bekannteste Wahrzeichen von Sterzing, der charmanten Stadt im Norden Südtirols.

11

RIDNAUN

AUF DEN SPUREN DER KNAPPEN IM GEBIRGE

Es ist wahrlich ein wilder Platz im Talschluss des Ridnauntals, mit einer kargen, hochalpinen Landschaft, umgeben von mächtigen Dreitausendern. Die Bergbauwelt Ridnaun würde es da eigentlich gar nicht brauchen. Aber sie ist ein eindrucksvolles Zeitzeugnis mit zahlreichen Möglichkeiten, um ins Gebirge und in die Bergbaugeschichte einzutauchen.

Vom malerisch im Talgrund gelegenen Ort Ratschings führt die kurvenreiche Straße das wildromantische Ridnauntal, das als eines der schönsten Hochtäler Südtirols gilt, hinauf, bis sie am hochalpinen Talschluss bei Maiern endet. Hier oben ist man nicht nur den imposanten Gipfeln und Gletschern Südtirols ganz nah, sondern auch seiner Bergbaugeschichte. Im Bergkamm zwischen dem Passeiertal im Meraner Land und dem Ridnauntal im Wipptal wurden fast ein Jahrtausend lang in einer der höchstgelegenen Minen Europas (2355 Meter) Silber, Blei und Zink gefördert. Außerdem befand sich am Schneeberg mit dem Knappendorf St. Martin auch die höchste ganzjährig bewohnte Siedlung Europas. Bereits vor 150 Jahren wurde die damals modernste Erzaufbereitungsanlage, die es gab, am Schneeberg installiert – ein einmaliges Denkmal der industriellen Revolution. Erst in den 1980er-Jahren wurde der Bergbau hier zur Gänze eingestellt.

Eintauchen in Schächte und Stollen

Heute sind die Bergbauwelt Ridnaun und der Standort Schneeberg zu einem Komplex zusammengefasst und Teil des Südtiroler Bergbaumuseums. Ridnaun-Schneeberg ist ein spannendes Erlebnisbergwerk mit teils abenteuerlichen Touren durch Stollen und Schächte tief im Berg. Vom Erzabbau über den Transport des Metalls bis zur Aufbereitung wird alles gezeigt. Bei den Führungen werden die Anlagen zur besseren Demonstration in Gang gesetzt. Wer etwa in den Alltag der Knappen eintauchen möchte, folgt dem Guide auf eine »Arbeitsschicht«. Mit kompletter Stollenausrüstung geht es im Anschluss an die Kompaktführung zum Poschhausstollen auf über 2000 Höhenmetern. Mit einer Grubenbahn fährt man durch den Stollen zum Erzlager und versucht sich dort selbst in der Bergmannsarbeit. Zu einem großen Teil sind die Anlagen noch gut erhalten. Daneben wurden auch der interessante Lehrpfad »Obere Erzstraße« und ein Museum im ehemaligen Bergarbeiterwohnheim eingerichtet.

Der Parkplatz am Bergwerk in Maiern ist gleichzeitig ein idealer Ausgangspunkt für Touren zu Fuß, mit dem Bike, mit Touren- oder Langlaufskiern in die umliegende Bergwelt. Ridnaun ist ein wahres Skilanglaufparadies mit über 50 Kilometer bestens präparierter Loipen für Skater und Klassikläufer. Zudem sollte man den Besuch des alpinen Bergwerks mit dem von Schloss Wolfsthurn mit dem Landesmuseum für Jagd und Fischerei in Ratschings/Mareit am Eingang des Ridnauntals kombinieren. Es zählt zu den schönsten Schlössern Südtirols. Angeblich besitzt es 365 Fenster, 52 Türen, zwölf Kamine und vier Portale. Sie sollen für ein gesamtes Jahr mit seinen Kalendertagen, Wochen, Monaten und Jahreszeiten stehen.

← Bergbautradition – am Talschluss des Ridnauntals wurden in einer hochalpinen Landschaft jahrhundertelang Erze abgebaut.

↓ Sehenswert: das Besucherzentrum und die verlassene Bergarbeitersiedlung

INFO

ESSEN WIE DIE KNAPPEN

Abwechslungsreiche, bodenständige Südtiroler Küche mit einem modernen Twist wird in der gemütlichen Knappenstube in Maiern serviert – sehr köstlich sind vor allem die hausgemachte Pasta und die herzhaften Knödel. Dazu ist die Weinkarte gut bestückt.
knappenstube.com

ERHOLUNG PUR

Das Schneeberg Family Spa Resort, ein 4-Sterne-Familienhotel im Talschluss des Ridnauntals, ist ein guter Standort für Aktivurlauber. Und auch Genuss und Erholung kommen nicht zu kurz: Die Wellnesslandschaft des Hauses mit 25-Meter-Indoorpool, ganzjährig beheiztem Außenpool und diversen Saunen ist über 10.000 Quadratmeter groß.
schneeberg.it

Prags lädt zum Wandern und Bergsteigen ein – beliebt ist der Weg zum Gipfel des Seekofels.

PUSTERTAL

Es ist eines der beliebtesten Täler der Alpen und erstreckt sich auf Südtiroler Seite vom Kronplatz bis zu den Drei Zinnen.

12

ERDPYRAMIDEN PERCHA

ARCHITEKTONISCHE MEISTERLEISTUNG

Es sind nicht die einzigen Erdpyramiden in Südtirol. Das Phänomen gibt es auch noch andernorts, etwa auf dem Ritten. Aber die Pyramiden im Pustertal bieten ein sehr eindrückliches Naturschauspiel und sind zudem recht einfach zu erreichen – sogar im Winter. Zudem lädt das nahe gelegene Bruneck zu einem Besuch ein.

Die Erdpyramiden von Percha, häufig auch Erdpyramiden von Platten nach einem nahe gelegenen kleinen Weiler genannt, haben schon so manchen Besucher zum Staunen gebracht. Dabei sind sie weder die einzigen in Südtirol noch im Pustertal, wo es außerdem die Erdpyamiden von Terenten und weitere, kleinere Ausführungen bei Toblach gibt. Sie liegen in einer Höhe zwischen 1550 und 1750 Metern am Rand des Naturparks Rieserferner-Ahrn.

Es handelt sich dabei um Erosionsgebilde, die meistens in steilen Gräben entstehen, in denen sich eiszeitlicher Moränenlehm mit größeren Steinen abgelagert hat. Erdrutsche, Regen und Schneeschmelze haben an der Entstehung dieser architektonischen Meisterleistung der Natur mitgewirkt. Bei starken Regenfällen schützen Steine im Erdreich den darunter liegenden Lehm vor dem Ausschwemmen durch das abfließende Wasser. Während das Material ringsherum abgetragen wird, »wächst« die geschützte Erdsäule aus dem umliegenden Erdreich heraus … so lange, bis der Deckstein irgendwann herunterfällt. Dann erwartet die Pyramide ihr langsames Ende. Und so verändert sich die Erdpyramidenlandschaft ständig. Einige Säulen recken sich solo gen Himmel, andere stehen in Gruppen herum, die einen werden langsam abgetragen, andere wachsen weiter in die Höhe, und immer wieder bilden sich neue Säulen. Die, die ihren Deckstein bereits verloren haben, sehen aus wie riesige Termitenbauten, die langsam immer kleiner werden, bis sie nur noch etwas größeren Pilzen ähneln. Scheint die Sonne vom strahlendblauen Himmel, leuchten die Pyramiden in einem dezenten Gelb; ist der Himmel bedeckt, erscheinen sie in einem fahlen Grau – Veränderung ist ihre Konstante.

Auf dem Pyramidenweg

Zu den Pyramiden gelangt man zur zu Fuß, direkt am Objekt gibt es keine Parkplätze. Das schränkt den Besucherandrang schon einmal ein, auch wenn die Erdpyramiden ein beliebtes Ausflugsziel sind. Erreichbar ist die Pyramidenformation von Platten oder von Oberwielenbach aus. Vom zweiten Parkplatz in Platten läuft man über einen Waldpfad, den vor allem am Anfang etwas steilen Pyramidenweg, etwa 45 Minuten erst durch Wald und zum Schluss über weite Wiesen. In der Nähe der Erdpyramiden ermöglichen einige Aussichtspunkte vielfältige Blicke auf die bizarren Säulen. Besonders im Frühjahr und im Herbst sind zudem die Lärchenwälder rund um Oberwielenbach ein schönes Naturerlebnis.

← Heumandl, Gasthof, Erdpyramiden – malerischer als bei Terenten kann eine Landschaft kaum mehr sein.
↓ Eine erlebnisreiche Wanderung führt zu den Erdpyramiden von Perca.

INFO

BESUCH AM KRÄUTERHOF
Die Wanderung zu den Erdpyramiden lässt sich gut mit einem Besuch des Kräuterhofs Hauser, einem typischen Pustertaler Bergbauernhof in Wielenberg, verbinden. Dort werden 50 verschiedene Kräuter angebaut, die zu ätherischen Ölen, Tees, Teemischungen, Kräuterschnäpsen, -likören, -salzen, -kosmetik, -kissen etc. weiterverarbeitet werden. Es gibt einen Hofladen und Attraktionen wie die Märchenstube und den Hexengarten.
kraeutergarten.it

UNWIDERSTEHLICH
Für Süßmäuler ist die Mondschein Dessertbar & Konditorei immer einen sündigen Stopp wert. Hier gibt es Patisserie vom Feinsten: herrliche Kuchen und Torten, wunderbare Desserts, ausgefallenes Konfekt, das teils so glänzt, als sei es mit der Spritzpistole lackiert, erstklassiger Kaffee und Tee im Herzen von Bruneck und in angenehmer Atmosphäre.

13

GEISELSBERG

KRONPLATZ MAL ANDERS

Olang ist vielen ein Begriff, handelt es sich doch um einen bekannten Touristen- und Skiort am Kronplatz. Aber Geiselsberg? Das kleine Bergdorf gehört zur Gemeinde Olang, schmiegt sich an die Ostflanke des Kronplatzes und präsentiert sich den Besuchern überaus lauschig und naturnah.

Hoch, höher, Geiselsberg – so könnte man es wohl treffend auf den Punkt bringen. Denn das schmucke Bergdorf liegt auf 1350 Meter Höhe im Naturpark Fanes-Sennes-Prags und damit gut 300 Meter höher als die anderen Ortsteile Olangs am Fuße des Kronplatzes. Viel Ruhe und klare Bergluft sind garantiert. Von hier aus kommen Wanderer schnell auf den Berg und Skifahrer auf die Pisten des Skigebiets Kronplatz mit seinen 120 Abfahrtskilometern – die Talstation der Gondelbahn befindet sich im kleinen Weiler Gassl, der zu Geiselsberg gehört. Und auch Radsportfreunden ist Geiselsberg ein Begriff. Von hier aus geht es hoch zum bekannten, 1789 Meter hohen Furkelpass, den das Peloton beim Giro d'Italia schon einige Male überquert hat.

Natürlich ist der Kronplatz außerdem ein Paradies für konditionsstarke Mountainbiker und der Furkelpass ein guter Ausgangspunkt für eine Wanderung zum Kronplatzgipfel mit dem Museum MMM Corones und dem Restaurant AlpiNN von Norbert Niederkofler. Beliebte Wanderziele sind zudem die Geiselsberger Hütte und die Prackenhütte, die Dreifingerspitze und der Hochalpensee.

Lange Historie

Mit dem Furkelpass ist die Dorfhistorie von Geiselsberg übrigens eng verbunden, und zwar mit der Pfarrkirche zum heiligen Wolfgang etwas oberhalb des Ortes. Die sogenannte »Bärenlegende« erzählt vom Arndt-Bauern, der einst am Furkelpass von einem Bären angegriffen worden sein soll. Er überlebte und gelobte, als Dank für seine Rettung an der Stelle seiner Hofkapelle eine Kirche zu errichten. Der heutige Bau geht auf das 15. Jahrhundert zurück. Aus derselben Zeit stammen auch die Christophorus-Fresken von Simon von Taisten.

Erstmals offiziell erwähnt wurde Geiselsberg vor gut einem Jahrtausend. Um 1050 überschrieb Bischof Altwin von Brixen dem Edlen Perehtholt (Berchtold) das Nutzungsrecht »de loco Gisilhartisperch« (Geiselsberg). Heute weiß man jedoch, dass hier schon viel früher Menschen gelebt haben. Ganz in der Nähe befindet sich Bad Bergfall, eines der ältesten Schwefelbäder Südtirols. Die schwefelhaltige Heilquelle war bereits bei den alten Römern bekannt – dies belegen Funde aus dem ersten Jahrhundert nach Christus. Übrigens: Der bekannte TV-Moderator Markus Lanz stammt aus dem kleinen, romantischen Almdorf Geiselsberg.

INFO

ZWEI INTERESSANTE MUSEEN

Neben dem MMM Corones gibt es auf dem Kronplatz-Gipfelplateau noch ein zweites Museum. Das Lumen hat sich auf 1900 Quadratmetern ganz der Bergfotografie aus aller Welt, von ihren Anfängen bis heute, verschrieben. Besonders sehenswert ist der Room of Mirror, der Spiegelsaal, eine künstlerisch-poetische Auseinandersetzung mit der spezifischen Atmosphäre der Berge.
lumenmuseum.it

MEHR ALS WANDERN

Der Themenweg »Butterbrot« ist eine familienfreundliche Wanderung, die an insgesamt vier Stationen die Südtiroler Almviehwirtschaft, aber auch die Butter- und Brotherstellung thematisiert. Startpunkt der schönen Tour ist die Mittelstation der Seilbahn Olang 1+2.

← Die Wolfgangkirche am Kronplatz im Winter bietet ein herrliches Fotomotiv.
↑ Der Spiegelsaal (Room of Mirror) im Lumen, dem sehenswerten Museum für Bergfotografie auf dem Kronplatzgipfel

ATTENTION
NTION
G
18

14

NATURPARK FANES-SENNES-PRAGS

GRENZENLOS WILD UND EINZIGARTIG

Der Naturpark Fanes-Sennes-Prags wartet mit allem im Übermaß auf, was Südtirol für Besucher so attraktiv macht: unberührte Natur, eindrucksvolle Dolomitengipfel, idyllische Seen, romantische Täler, heimelige Ortschaften, lauschige Almen, urige Hütten und schmackhafte regionale Küche.

Über das wunderschöne Pragser Tal mit dem Pragser Wildsee bis nach Toblach und hinüber nach Alta Badia erstreckt sich auf einer Fläche von mehr als 25.000 Hektar der Nationalpark Fanes-Sennes-Prags. Wie der Name schon verrät, umfasst der Naturpark große Teile des Bergmassivs der Fanesgruppe, das Hochland von Sennes und die Pragser Dolomiten. Natürlich ist auch dieser Naturpark Teil des UNESCO-Welterbes Dolomiten.

Besonders charakteristisch für den Naturpark ist seine Karstlandschaft. Die Berge im Naturpark setzen sich vor allem aus Sedimentgesteinen wie Kalk oder Dolomit zusammen, welche sich im Lauf der Jahre durch Mikroorganismen, die im Meer lebten, gebildet haben. Die im Wasser gelöste Kohlensäure hat die bestehenden Jurakalke angegriffen und nach und nach aufgelöst. So sind Rinnen, Spalten, Schächte und Karsttrichter entstanden, die das Landschaftsbild der Region prägen.

Mitten im Naturpark, in den Pragser Dolomiten, liegt in einem atemberaubenden Felskessel auf knapp 1500 Meter Seehöhe der Pragser Wildsee, der auch »Perle der Dolomiten« genannt wird. Entstanden ist der malerische Bergsee vor langer Zeit durch einen Murenabgang, er ist also quasi ein natürlicher Stausee. Im Hintergrund wird der See an seinem Südende überragt vom mächtigen Massiv des Seekofels (2810 Meter), der sich im Wasser spiegelt – zu seinem Gipfel hinauf steigt man etwa vier Stunden. Auf einem leichten, vier Kilometer langen Wanderweg ist der etwa 30 Hektar große See, der größte natürliche Bergsee der Dolomiten, einfach zu umrunden. Hier starten außerdem zahlreiche Bergtouren, von leicht bis anspruchsvoll. Am See gibt es ein Hotel, das noch ein wenig den Charme der Anfangstage des Tourismus versprüht.

← Nicht nur vor Sonnenaufgang zeigt sich der Pragser Wildsee wildromantisch. Er ist einer der schönsten und beliebtesten Seen Südtirols.

Hochalm-Panorama

Ein weiteres lohnenswertes Ziel am Ende des Pragser Tals ist die über 2000 Meter hoch gelegene, weite Alm Plätzwiese, vor der sich ein überwältigendes Panorama eröffnet. Sie hat sich noch viel von ihrer Ursprünglichkeit und Ruhe bewahrt. Wer die Einsamkeit sucht, begegnet auf der (nicht zu unterschätzenden!) Panorama-Rundwanderung über die Plätzwiese nur wenigen Menschen. Beeindruckend ist dabei der Blick aus nächster Nähe auf den Gaisler Felssturz. Rund 600.000 Kubikmeter Gestein rauschten dabei im Jahr 2016 auf die Hochalm nieder – ein auch für die Dolomiten ungewöhnliches Fotomotiv.

Sagenhaftes Reich der Fanes

In der Fanesgruppe wiederum ist die Faneshochebene, auch Fanesalmen genannt, oberhalb von St. Vigil in Enneberg ein lohnendes Ziel für Bergsteiger und Wanderer. In den Fanesbergen liegt das Sagenreich der Fanes, »Le rëgn de Fanes«. Die Sage vom »Reich der Fanes«, in deren Mittelpunkt die Königstochter und Kriegsheldin Dolasilla steht, gilt als ladinisches Nationalepos. Die Hochebene – es gibt die Kleine und die Große Fanesalm – ist umgeben von der Heiligkreuzkofelgruppe mit dem Neuner (2967 Meter), dem Zehner (3026 Meter) und dem Kreuzkofel (2907 Meter). Unterhalb des Heiligkreuzkofels sind die Wiesen von Armentara mit der Wallfahrtskirche Heilig Kreuz (La Crusc) erlebenswert. Idyllisch bettet sich der Grünsee, nur einer von vielen Seen im Nationalpark, in die Almlandschaft der Fanes mit ihren saftigen Wiesen und Hochmooren ein. Als einziger See des Nationalparks verfügt er über einen natürlichen Zu- und Abfluss. Quartier machen kann man etwa auf der bereits 1928 errichteten Faneshütte, deren Küche solide Südtiroler Kost serviert, oder der ebenso lohnenswerten Lavarela-Hütte.

Bleibt noch zu klären, was es mit dem »Sennes« im Naturparknamen auf sich hat. Wie Fanes ist auch Sennes ein Hochplateau oder eine Hochalm in über 2000 Meter Höhe am Monte Selle di Sennes (2787 Meter). Und wie auf der Fanesalm ist auch hier das Panorama schlicht grandios und die Senneshütte ein perfekter Ausgangspunkt für Bergwanderungen und Skitouren.

Naturerlebnis hoch vier

Apropos wandern. Im Naturpark gibt es insgesamt vier interessante Themenwege zu begehen. Der Naturerlebnisweg »Lärchensteig« verbindet oberhalb von St. Kassian im Gadertal die Berghöfe Rüdeferia und Rü. Themen des Weges sind die verschiedenen Landschaftstypen, darunter die Lärchenwiesen und -weiden, die dem Wanderer durch sieben interaktive Stationen nahegebracht werden. Ein zweiter Naturerlebnisweg führt rund um den Toblacher See, ein echtes Naturkleinod im Hochpustertal, und umfasst elf Stationen. Er liegt genau an der Grenze zum Naturpark Drei Zinnen. Die anderen beiden Wege sind der Lehrpfad »Maitequellen« und der Naturerlebnisweg »Tru dal'ega« (»Wasserweg«) beim Naturparkhaus in St. Vigil in Enneberg. Das moderne Besucherzentrum zeigt die Vielfältigkeit des Naturparks mittels interaktiver Medien, Videos, Schaufenster und Paneelen. Und zwar sehr familiengerecht. So gibt es etwa ein Kinder-Archäologiezimmer mit Objekten zum Anfassen.

↖ Der aussichtsreiche Höhenweg Nr. 1 führt im Naturpark Fanes-Sennes zur gemütlichen Seekofelhütte.
↗ Ein typisches Bild: Schafe weiden vor herbstlich verfärbten Lärchen mit Blick auf den Heiligkreuzkofel.

INFO

HINAUF ZUM KRONPLATZ

Der 2275 Meter hohe Kronplatz ist der ideale Ski-, Wander- und Mountainbike-Berg. Doch darüber hinaus hat er noch weitere Attraktionen zu bieten. Im Messner Mountain Museum Corones von Reinhold Messner auf dem Gipfelplateau, entworfen von Stararchitektin Zaha Hadid, geht es um den traditionellen Alpinismus. Im Anschluss daran bietet sich eine Einkehr im Restaurant AlpiNN von Sternekoch Norbert Niederkofler an, der seine Köstlichkeiten unter dem Motto »Cook the Mountain« serviert.

ABENTEUER ZIPLINE

Für ein besonderes Abenteuer sorgt die Adrenaline X-Treme Adventures Zipline, die sich direkt in St. Vigil zwischen der Bergstation Piz de Plaies und der Talstation der Cianross-Seilbahn befindet. Sie ist mit drei Kilometer Länge die längste Zipline Europas und die steilste Seilrutschte der Welt. Gut befestigt an einem Seil, stürzen sich Wagemutige mit bis zu 80 Stundenkilometern und 100 Metern über dem Boden in den freien Flug.

Die Berge spiegeln sich in den Fenstern des Messner Moutain Museums Corones.

ALMEN

SAFTIGE WIESEN UND URIGE HÜTTEN

Almen und Südtirol, das geht wunderbar zusammen. Doch kaum ein Tal ist so stark von saftigen Almwiesen und grünen Hochplateaus geprägt wie das Pustertal und seine Nebentäler. Nicht umsonst wird es auch »das grüne Tal« genannt. Und wo eine Alm ist, ist meist auch eine gemütliche Almhütte zur Einkehr nicht weit.

Dass Südtirol ein Land der Almen ist, weiß jeder, der schon einmal einen Wander- oder Skiurlaub in der Region verbracht hat. Zwischen dem Brenner im Norden und der Salurner Klause im Süden, dem Reschenpass im Westen und den Drei Zinnen im Osten gibt es wohl über 200 bewirtschaftete Almen. Viele muss man sich erwandern, andere wiederum sind gut mit dem Auto zu erreichen. Manche liegen hoch über den Tälern, still, verträumt, nahezu unberührt wie etwa die Innerfalkomai-Alm bei Ulten, andere bieten eine perfekte touristische Infrastruktur wie die Seiser Alm, die größte Hochalm Europas.

Das Pustertal mitsamt seinen kleinen und großen naturnahen Seitentälern – Gsiesertal, Tauferer Ahrntal, Antholzertal – sind neben immergrünen Wäldern vor allem von Almwiesen und grünen Hochplateaus geprägt – eben

← Die Lavarella-Hütte im Naturpark Fanes-Sennes bietet nicht nur prachtvolle Ausblicke, sondern nach einer anstrengenden Wanderung auch kühle Getränke und schmackhafte Südtiroler Kost.
↙ An einem sonnigen Herbsttag präsentiert sich die Seiser Alm als wahres Wander- und Mountainbike-Paradies.

ein »grünes Tal«. Die Fanealm etwa ist ein idyllisches Almendorf wie aus dem Bilderbuch. Und das abseits der großen Touristenrouten gelegene Gsiesertal nennt sich sogar selbstbewusst »Tal der Almen«. Gleich zwölf bewirtschaftete Almhütten werden hier gezählt. Ein besonderes Highlight ist der »Almweg 2000«, der auf einer durchschnittlichen Höhe von 2000 Metern mehrere dieser idyllischen Almen auf einer Rundwanderung verbindet und dabei grandiose Ausblicke bietet.

Die Almwirtschaft

Die Alm, südtirolerisch »Olm«, sonst auch Alp, Alpe oder Alb, spielt von jeher im gesamten Alpenraum eine wichtige Rolle. Ohne Almen wäre Landwirtschaft in den Bergen wohl kaum möglich. Almen sind Kulturlandschaften mit Almwiesen, auf denen schon immer Almwirtschaft betrieben wurde und wird. Im Sommer weidet dort das Vieh, manchmal werden auch die Bergwiesen gemäht. Durch die zusätzlichen Weideflächen im Gebirge können die Bauern mehr Tiere halten. Die Senner verarbeiten in der Almhütte die Milch der Tiere zu wertvollen Lebensmitteln wie Butter oder Käse. Der Begriff »Alm« kann dabei entweder nur die Bergweiden und -wiesen bezeichnen oder die (häufig bewirtschafteten) Almhütten – und auch beides zusammen.

Die Almwirtschaft wirft meist nur geringe Erträge ab, und die Arbeit ist hart. Daher sind viele Bergbauern mit der Zeit dazu übergegangen, ihre Almhütten zu bewirtschaften und Wanderern und Skiläufern Essen und Getränke zu servieren, um wirtschaftlich zu überleben. Dabei tritt der touristische Aspekt zunehmend in den Vordergrund: die Alm als hochwertiger Erholungsraum.

INFO

EINKEHRTIPPS

Eine der gemütlichen Hütten im Gsiesertal ist die 1660 Meter hoch auf der Pidigalm gelegene Messnerhütte. Sie ist leicht zu erreichen und punktet nicht zuletzt mit der tollen Aussicht von der großen Sonnenterrasse aus. Aber auch mit der guten Küche: Probieren sollte man die Gsieser Schlutzkrapfen, die Brettljause mit lokalem Speck und Käse oder die wechselnden saisonalen Tagesgerichte.
messnerhuette.com

Die urige Hofstatt Alm bei Antholz im Antholzertal liegt idyllisch inmitten weitläufiger Almwiesen auf einer Höhe von 1350 Metern. Sie ist ein familienfreundliches Wanderziel und auch mit Kindern leicht zu erreichen. Man sitzt gemütlich in einer typischen Südtiroler Stube mit offenem Kamin oder auf der aussichtsreichen Sonnenterrasse, wo man hausgemachte Südtiroler Bauernspezialitäten genießen kann.
hofstatt-alm.com

ÜBERNACHTEN

Auch das Übernachten auf der Alm ist heutzutage oftmals möglich. Die Lechnerhütte liegt mitten im Almendorf Fanealm. Abends sitzt man auf der Terrasse vor der Almhütte und beobachtet, wie der Tag in den Bergen zu Ende geht. Die Lechnerhütte ist frisch renoviert und komplett aus Massivholz gehalten. Das alte Dachgebälk sorgt für das gewisse Extra an Charme.
lechnerhof-vals.it

15

PRETTAU

WO ITALIEN ANFÄNGT UND ZU ENDE IST

Prettau ist der nördlichste Zipfel Italiens. Die Stille und Einsamkeit der wilden Berglandschaft im Naturpark Rieserferner-Ahrn zieht Besucher in ihren Bann. Das Bergwerk ermöglicht tiefe Einblicke in die Historie dieser Bergregion, und der Klimastollen vereinigt auf einzigartige Weise Vergangenheit und Gegenwart.

Das kleine Bergdorf Prettau mit seinen rund 550 Einwohnern liegt auf fast 1500 Meter Seehöhe im hintersten Winkel des Ahrntals – etwa 70 Prozent der Gemeindefläche stehen im Naturpark Rieserferner-Ahrn unter Schutz. Danach kommt nur noch der kleine Weiler Kasern, und dann ist endgültig Schluss. Talschluss. Die kleinste und nördlichste Gemeinde Südtirols ist zugleich auch die nördlichste Gemeine Italiens – hier fängt geografisch die Stiefelrepublik an, und hier endet sie auch.

Das Dorf hatte von jeher eine exponierte Lage als Durchgangsstation zwischen Ost und West, Österreich und Italien. Die eindrucksvollen Berggipfel der Zillertaler Alpen und der Venedigergruppe bilden zusammen mit der Birnlücke die Grenze zum österreichischen Bundesland Nordtirol. Hier war einer der hoch frequentierten Grenzübergänge, wenn auch kein ganz legaler. Über Schmugglerpfade wurden so manche Waren von einer Seite auf die andere gebracht. Heute sind es meist beliebte Wanderwege, wo man auf den Spuren der bewegten Geschichte des Tals wandert.

Doch nicht nur Schmuggler haben das Tal geprägt. Prettau ist zudem eng mit der Bergbaugeschichte Südtirols verbunden. Seit etwa 1400 wurde hier am Rotbach Kupfer abgebaut, erst im Jahr 1893 wurde die Mine geschlossen. 1957 nahm man den Bergbau zwar noch einmal kurz auf, 1971 aber schloss das Werk endgültig.

Die Stollen wurden damals mit einfachsten Mitteln Zentimeter für Zentimeter in den Berg getrieben. Zu seiner Blütezeit war Prettau der drittgrößte Kupferlieferant Italiens. Heute ist das Bergwerk einer der Standorte des Südtiroler Landesbergbaumuseums und kann in den Sommermonaten besichtigt werden. Eine Grubenbahn führt einen Kilometer tief in das Herz der Mine mit dem Schaustollen. Wer das Bergwerk richtig erleben möchte, schließt sich der geführten Tour »Abenteuer Stollen« an. Die Geschichte des Bergwerks kann aber auch entlang eines Lehrpfades inmitten der Bergwelt erlebt werden: Der Knappenweg, ein Lehrpfad, der 500 Jahre Geschichte des Bergbaus in Prettau erlebbar macht, führt durch die Natur des Ahrntals. Er kommt an mehreren alten Stollen vorbei, bis er in der Nähe des Rötkreuzes auf 2064 Meter Meereshöhe endet.

Wer Atemwegserkrankungen hat oder einfach nur einmal wieder reine, klare Luft einatmen möchte, sollte den Klimastollen im Bergwerk aufsuchen. Tief im Inneren des Berges trennt eine Wand den Bereich vom Stollen des Schaubergwerks ab. Dahinter befinden sich Liegestühle mit Wolldecken für den etwa zweistündigen Aufenthalt. Der Klimastollen verfügt über ein allergen- und pollenfreies

→ Die Ahr, hier bei Prettau, durchfließt das ganze Ahrntal und ist ein sprudelnder Gebirgsbach.

← Am Talschluss bei Kasern – hier das Informationszentrum – wurde jahrhundertelang Bergbau betrieben.
↙ Im örtlichen Museum kann man sich über die Geschichte des Bergbaus im Tal informieren.
↘ Die bekannte Heilig-Geist-Kapelle bei Kasern ist ein lohnenswertes Ausflugsziel.

Mikroklima. Die hohe Luftfeuchtigkeit bindet Allergene und Schadstoffe, die rund acht bis zehn Grad kalte und sehr reine Luft wird dann eingeatmet und auf Körpertemperatur erwärmt. Ein wiederholter Aufenthalt im Klimastollen entlastet Bronchien und Lungen, lässt Schwellungen des Atmungsapparates abklingen und ermöglicht eine freiere Atmung. Diese Art der Höhlentherapie nennt sich Speläotherapie und ist frei von jeglichen Nebenwirkungen.

Legendäre Kirche

Auch die Heilig-Geist-Kirche am Talschluss – hier, am Fuß des Klockerkarkopfes, befindet sich der nördlichste Punkt Italiens bei Kasern – ist eng mit dem Bergbau verbunden. Sie diente den Bergleuten in früheren Zeiten als »Knappenkirche«, heute ist sie ein beliebter Wallfahrtsort. Zudem sind mit der von Almen umgebenen Kapelle einige Legenden verbunden. Die Kirche wurde an einen Felsen, Schliefstein genannt, gebaut, der sie vor Lawinen schützt. Eine Legende besagt, dass derjenige, der unter dem Schliefstein durchkriecht, alle seine Sünden vergeben bekommt.

Vor allem bekannt ist die Heilig-Geist-Kirche aber durch die Legende vom durchschossenen Christuskreuz. Das stand ursprünglich am Prastmann-Hof. Ein Schütze, der sich auf den Weg zum Preisschießen nach Pinzgau gemacht hatte, wollte noch einmal seine Zielsicherheit testen und schoss dreimal in frevelhafter Manier auf das Kreuz. Im Pinzgau hatte der Schütze Erfolg und erhielt einen stattlichen Stier als Preis, den er voller Freude nach Hause führte. Als die beiden aber am Kreuz vorbeikamen, wurde der Stier wild und tötete den Schützen.

Schnitzen und klöppeln

Ebenfalls in Kasern befindet sich das sehenswerte Naturparkhaus Kasern. Im schlichten, modernen Holzbau erfährt man nicht nur alles Wichtige über den Naturpark Rieserferner-Ahrn, sondern auch über das Kunsthandwerk in Prettau. Bekannt ist der Ort vor allem für die Maskenschnitzerei und das Spitzenklöppeln. Letzteres wird sogar in der Klöppelschule noch unterrichtet. Nachdem das Bergwerk Ende des 19. Jahrhunderts geschlossen worden war, mussten sich viele Talbewohner eine andere Tätigkeit suchen, um ihren Lebensunterhalt zu bestreiten – und begannen zu schnitzen und zu klöppeln.

Das Naturparkhaus ist auch ein optimaler Ausgangspunkt für Skitouren und Bergwanderungen in die wildromantische Bergwelt, befindet sich hier doch auch der Wanderparkplatz. Ausgedehnte Touren führen etwa zur Lenkjöchlhütte, die als Rundwanderung durch Windtal und Röttal gemacht werden kann, oder zur Trinksteinalm. Und zu den beliebten Frühjahrsskitouren gehören die Rötspitze und der Ahrner Kopf.

INFO

ENERGIEAUTARK
Erst im Jahr 2023 wurde das Olm Nature Escape im Ahrntal eröffnet. Das kreisrunde Hotel mit seinen Suiten liegt mitten in der Natur und setzt neben Komfort vor allem auf Nachhaltigkeit – es ist das erste energieautarke Aparthotel Südtirols, dafür sorgt eine Kombination aus Fotovoltaik und Wasserkraft. Verbaut wurden regionale Baustoffe wie Lärchenholz. Große Glasfronten geben den Blick in die Natur frei. olm.it

GANZJÄHRIG GEÖFFNET
Neben der Heilig-Geist-Kirche liegt inmitten der Almen vor einer herrlichen Bergkulisse die wunderschöne Talschlusshütte Heilig Geist. Die uriggemütliche Hütte ist ganzjährig geöffnet und verwöhnt hungrige Wanderer mit typisch deftiger Südtiroler Almkost wie einem hervorragenden Kaiserschmarrn, aber auch mit Wiener Schnitzel, Pizza und reichhaltigem, sogar glutenfreiem Frühstück. talschlusshuette.it

Kaiserschmarrn mit Zimtäpfeln und Fichtenhonig ist nicht nur auf der Seiser Alm eines der typischen schmackhaften Desserts.

17

NATURPARK DREI ZINNEN

EIN WAHRZEICHEN DER DOLOMITEN

Wohl keine anderen Berge sind auf den ersten Blick so eindeutig zu erkennen und werden so stark mit den Dolomiten verbunden wie die ikonischen Drei Zinnen. Als Teil des UNESCO-Welterbes geben sie zudem dem großartigen Naturpark, in dem sie liegen, ihren Namen.

Die charakteristische Felsformation der Drei Zinnen (auf Italienisch Tre Cime di Lavaredo) in den Sextner Dolomiten und dem gleichnamigen Naturpark – ein Teil der Drei Zinnen liegt im Übrigen bereits in der Provinz Belluno – sind so etwas wie das Gesicht der Dolomiten. Wer sie einmal aus der Nähe gesehen hat, wird sich immer wieder an sie erinnern. Vor allem die steilen Nordwände und das helle Dolomitengestein prägen ihr Aussehen.

Gerade für Kletterer und Bergsteiger sind sie eines der Traumziele. In der Mitte des eindrucksvollen Trios thront die Große Zinne, mit einer Höhe von 2999 Metern der höchste Gipfel des Gebirgsstocks. Ihre Nordwand mit der berühmten Aufstiegsroute »Direttissima« fällt über 500 Meter fast senkrecht ab. Der normale Aufstieg auf die Große Zinne führt durch die Südwand, die auch zum Abstieg immer gegangen wird; 1869 wurde die Große Zinne übrigens erstmals bestiegen. Die Westliche Zinne ist mit einer Höhe von 2973 Metern nur unwesentlich niedriger als die Große. Ihre Nordwand ähnelt jener der Großen Zinne, allerdings mit stärker überhängenden Passagen. Die Kleine Zinne erreicht immerhin eine Höhe von 2857 Metern und gilt unter Kletterern als der am schwersten zu erklimmende Gipfel. Daneben gibt es in dem Gebirgsmassiv noch weitere Berge wie die Punta di Frida und den Preußturm, gelegentlich auch »Kleinste Zinne« genannt.

Die Umrundung der Drei Zinnen gilt als eine Art »Königswanderung«. Sie beginnt in der Regel bei der Auronzohütte, führt über die Lavaredohütte und die Dreizinnenhütte und bietet dabei fast durchgängig traumhafte Ausblicke auf die Drei Zinnen. An der Straße von Toblach nach Cortina d'Ampezzo befindet sich zudem der Drei-Zinnen-Blick, ein beeindruckender Ausblick auf die Nordwände vom Tal aus – erreichbar per Bus, Rad oder auch auf Langlaufskiern.

Die Sextner Sonnenuhr

Wer einen noch beeindruckenderen Blick genießen möchte und bereit ist, dafür ein paar Anstrengungen auf sich zu nehmen, der sollte den benachbarten Paternkofel ersteigen. Nach einem abwechslungsreichen Aufstieg über Tunnel und Stollen aus dem Ersten Weltkrieg zeigen sich von dort oben die Drei Zinnen und die umliegende Sextner Sonnenuhr in ihrer ganzen Schönheit. Die fünf Dolomitengipfel Neuner, Zehner (Sextner Rotwand), Elfer, Zwölfer und Einser bilden ein einzigartiges Naturschauspiel: die Sextner Sonnenuhr. Der Neuner ist mit 2582 Metern der niedrigste

← Die charakteristischen Gipfel der Drei Zinnen zählen nicht umsonst zum UNESCO-Welterbe … im Alpenglühen entfalten sie ihre ganze Pracht.

Berg der Sonnenuhr, der Zwölfer mit seinen 3094 Metern der höchste. Bei der Sextner Sonnenuhr stimmt der Lauf der Sonne mit den Bergnamen überein. Zur Wintersonnenwende steht die Sonne um 12 Uhr genau über der Spitze des Zwölfer und um 13 Uhr genau über der des Einsers.

Der Naturpark Drei Zinnen

Drei Zinnen, Sextner Sonnenuhr, aber auch die hübschen Orte Innichen, Toblach und Sexten liegen im über 11.000 Hektar großen Naturpark Drei Zinnen, der seit 2009 zum UNESCO-Welterbe Dolomiten zählt. Er bildet den nördlichsten Teil der Dolomiten, und praktisch an jeder Ecke gibt es wildromantische Winkel. Das Naturparkhaus befindet sich im Kulturzentrum Grand Hotel in Toblach. Hier bekommt man ausführliche Informationen über die Natur- und Kulturlandschaften des Naturparks Drei Zinnen, die Geologie der Sextner Dolomiten, die Kriegsereignisse an der Dolomitenfront, die Anfänge des Alpinismus und die touristische Entwicklungsgeschichte des Hochpustertals. Kindern und Jugendlichen ermöglicht die Erlebniswerkstatt einen spielerischen Zugang zur Natur.

Wandern in den Sextner Dolomiten

Der Besuch des Naturparkhauses macht sich spätestens dann bezahlt, wenn man die umliegende Bergwelt erwandern möchte. Es muss ja nicht gleich die Umrundung der Drei Zinnen sein. Gemächlicher sind beispielsweise die verschiedenen Themenwege. Eine schöne Option, insbesondere mit Kindern, ist der Sextner Rundweg. Er führt in circa zweieinhalb Stunden einmal rund um Sexten, wobei man nicht nur die Landschaft genießen kann, sondern zugleich noch viel Wissenswertes über das Dorf erfährt.

Unbedingt erwandern sollte man von Sexten aus das Fischleintal. Es ist nur lauffreudige 4,6 Kilometer kurz, aber von besonderer Schönheit, umgeben von Lärchen- und Blumenwiesen, saftigen Almen, steilen Felswänden und dichten Wäldern. Zudem kann man am Talende wunderbar in der Talschlusshütte einkehren, schöne Ausblicke auf die Sextner Sonnenuhr inklusive. Von Toblach wiederum ist eine Wanderung durch das Rienztal zur Dreizinnenhütte am Fuß der Drei Zinnen eine besonders schöne Tour.

↖ Die Umrundung der Drei Zinnen gehört für viele Bergwanderer zu den Höhepunkten eines Wanderurlaubs.
← Auch Kletterer und Bergsteiger zieht es zu den Drei Zinnen.
↗ Die Locatelli-Hütte mit Blick auf die Drei Zinnen ist immer ein Ort gepflegter Südtiroler Gastlichkeit.

INFO

MIT DEM MOUNTAINBIKE

Die Region ermöglicht auch Mountainbikern einmalige Bergerlebnisse. Sehr empfehlenswert ist für konditionsstarke Biker der Stoneman-Trail von MTB-Profi Roland Stauder. Die Strecke über 120 Kilometer und 4560 Höhenmeter ist ein mit »Stanemandlan« (Steinmännchen) markierter Trail durch die Dolomiten. Dabei handelt es sich um kein Rennen, sondern nur um die kräftezehrende Herausforderung, die es zu schaffen gilt: in ein, zwei oder drei Tagen?!

IDYLLISCHE EINKEHR

Auch nach einer nicht allzu anstrengenden Wanderung durch das romantische Fischleintal tut eine Einkehr auf der wunderschön auf 1564 Meter Höhe am Talende gelegenen Talschlusshütte gut. Denn die Küche serviert ausgesprochen schmackhaftes Essen, der Service ist freundlich und die Aussicht grandios.
talschlusshuette.com

LUST AUF KLETTERN?

Eine gute Alternative bei schlechtem Wetter – oder um auf sicherem Terrain erstmals ins Klettern reinzuschnuppern – sind Kletterhallen. Die Kletterhalle in der NordicArena Toblach, wo sich auch das Langlaufstadion befindet, verfügt über Kletterwände mit einer Höhe bis zu 23 Metern, 60 Routen mit unterschiedlichen Schwierigkeitsgraden sowie Gastronomie.
nordicarena-toblach.it

Die Auswahl an Mountainbike-Touren ist im gesamten Pustertal schier grenzenlos.

Abendstimmung am mächtigen Schlernmassiv mit Blick auf den verwunschenen Rosengarten

DOLOMITEN

Das UNESCO-Welterbe besticht mit einer faszinierenden Bergwelt und bietet das ganze Jahr hindurch einzigartige Erlebnisse.

19

ROSENGARTEN UND EGGENTAL

IM MYSTISCHEN REICH KÖNIG LAURINS

Der Rosengarten ist mit Sicherheit einer der schönsten Berge Südtirols, noch dazu mit dem leuchtendsten Sonnenuntergang. Aber nicht nur deshalb ist er so beliebt bei panoramasüchtigen Wanderern, Bikern, Kletterern und Skifahrern. Vielmehr ist er auch ein sagenumwobener Berg.

Zum Rosengarten, der Teil des Naturparks Schlern-Rosengarten und des UNESCO Welterbes Dolomiten ist, zieht es viele Menschen fast schon magisch. Schon von Bozen aus ist die hell schimmernde, vielfach gebrochene Felsenmauer des Massivs zu sehen – bei schönem Wetter verfärben sich die Felsen mit der untergehenden Sonne und leuchten rötlich. Dieser Effekt wird »Alpenglühen« beziehungsweise »Enrosadira« genannt. Vor allem für Kletterer und Bergsteiger ist der Rosengarten ein absolutes Traumziel. Das Besondere: Der Rosengarten ist kein einzelner Berg, sondern eine Gebirgsformation, deren höchster Gipfel, der Kesselkogel, 3004 Meter hoch ist. Das Panorama wirkt so beeindruckend, weil der Rosengarten ein frei- beziehungsweise alleinstehendes Gebirgsmassiv ist.

Es ist nicht nur die einzigartige Optik, die den Rosengarten so faszinierend macht. Es ist auch die mit dem Berg verbundene Sage vom Zwergenkönig Laurin. Sein Reich befand sich in den Dolomiten unter der Erde, wo die Zwerge nach Bodenschätzen wie Silber schürften. Laurin besaß zahlreiche Schätze und einen wundervollen Rosengarten, der von einem glänzenden goldenen Zaun umgeben war und als der schönste Garten weit und breit galt.

← Malerisch: der Rosengarten mit der Rotwand, die sich im See spiegelt

Auf der anderen Seite der Berge herrschte König Hartwig von Fassa, der eine Tochter namens Similde hatte. Als diese ins heiratsfähige Alter kam, plante Hartwig ein großes Turnier, um so einen Ehemann für seine Tochter zu finden. Alle Adeligen und Könige der Umgebung wurden eingeladen – bis auf König Laurin.

Darüber war der Zwergenkönig schwer beleidigt. Er entschied sich, mittels seiner Tarnkappe, die einer seiner größten Schätze war, unsichtbar an dem Turnier teilzunehmen. Als er Similde sah, war er sofort von ihrer außergewöhnlichen Schönheit angetan, und er entführte sie auf seinem Pferd. Aber Simildes Bruder, Prinz Dietrich von Bern, und sein Knappe Hildebrand verfolgten Laurin bis zu seinem Rosengarten.

Hier forderte Dietrich den Zwergenkönig zu einem Duell heraus. Laurin besaß einen Zaubergürtel, der ihm die Kraft von zwölf Männern verlieh. Allerdings vergaß er in seinem Stolz, den Gürtel für den Kampf anzulegen – und wurde schließlich von Dietrich besiegt. In seiner Wut über die Niederlage verfluchte Laurin seinen Rosengarten. Mit einem Zauber machte er ihn gänzlich unsichtbar: Er sollte »weder bei Tag noch bei Nacht« gesehen werden können. Allerdings vergaß er die Dämmerung. Und so erstrahlen seither bei Sonnenauf- und -untergang die Gipfel des Rosengartens im rötlichen Licht. Dadurch wird die Erinnerung an den Fluch König Laurins und seinen verborgenen Rosengarten wachgehalten.

Besonders schön sieht man die leuchtenden Felsen von den Skipisten und Hütten des Skigebiets Carezza (1170 bis 2337 Meter) am Fuße des Rosengartens aus – etwa von der Almhütte Messnerjoch (1930 Meter) in der Nähe der König-Laurin-Wand. Das familienfreundliche Gebiet wurde in den letzten Jahren vom Südtiroler Schneekanonenpionier Georg Eisath (sein Sohn war ein erfolgreicher Riesenslalom-Weltcupfahrer) zur Gänze und nachhaltig modernisiert. So wird beispielsweise das gesamte Skigebiet zu 100 Prozent mit Ökostrom betrieben. Die Pisten werden mit neuen Kabinenbahnen von Tiers und Welschnofen aus erschlossen. Im Sommer ist es ideal für Wanderer und Mountainbiker. Ein zweites Ski-, Wander- und Bikeparadies befindet sich nur wenige Kilometer entfernt in Obereggen am Latemar.

Der Karersee

Im Gegensatz zum Rosengarten zeigt sich das Eggental auf den ersten Kilometern eher nüchtern und landschaftlich unspektakulär. Doch direkt am Taleingang ragt bei Kardaun auf einem steilen Felsen die Burg Karneid aus dem 13./14. Jahrhundert empor. Über Birchabruck geht es weiter nach Deutschnofen am Fuß des Rosengartens.

Auch im Eggental gibt es unterhalb des Karerpasses noch einen mystischen Ort: den Karersee, einen kleinen, smaragdgrünen Bergsee, der im Ladinischen »Lec de Ergobando« (Regenbogensee) genannt wird. Und auch das hängt mit einer Sage zusammen. Ihr zufolge lebte im Karersee einst eine wunderschöne Nixe, in die sich der Hexenmeister von Masaré verliebte. Um ihre Liebe zu gewinnen, empfahl ihm die Hexe Lanwerda, sich als Juwelenhändler zu verkleiden und einen Regenbogen vom Rosengarten bis zum Latemar zu schlagen. Er folgte diesem Rat, vergaß aber, sich zu verkleiden – und wurde von der Nixe entdeckt, die für immer im See verschwand. Der Hexenmeister war so wütend, dass er die Regenbogenstücke und Juwelen in den See warf. Deshalb schimmert der See heute immer noch in den prächtigsten Regenbogenfarben.

Ein kurzer Rundwanderweg führt um den etwa 300 Meter langen und 130 Meter breiten See, der komplett von dichtem Wald umgeben ist. Keine Sage, sondern die christliche Tradition ist mit der nicht weit von Deutschnofen in Petersberg auf dem Hochplateau Regglberg gelegenen Wallfahrtskirche Maria Weißenstein verbunden – wohl einer der bedeutendsten Wallfahrtsorte Südtirols.

← Sonnenuntergang an den Vajolet-Türmen, einer bizarren Felsformation inmitten der Rosengartengruppe
↗ Bei einer Bergwanderung im Rosengartengebiet eröffnen sich immer wieder einzigartige Ausblicke.

INFO

ERLEBNISWANDERN INTERAKTIV

Das Kennenlernen der Gemeinde Deutschnofen aus verschiedenen Perspektiven ist das Thema des neu errichteten Erlebniswanderwegs »Kirchsteig«. Unter anderem warten eine Lauschinsel, ein Fernrohr, ein Wildtier-Memory und ein Mühlrad auf Besucher. Interaktive Spiel-, Rätsel- sowie Sinnesstationen begeistern Kinder und Erwachsene gleichermaßen. So lernt man den Ort auf kreative Weise kennen.

NATURHOTEL PFÖSL

Das Wort »Entspannung« schreibt das Hotel Pfösl groß, wobei sich die Kraft der Natur wie ein roter (oder vielmehr grüner) Faden durch das Konzept zieht. Vor allem das naturaspa verspricht Leichtigkeit und Energie nach einem aktiven Tag am Berg. Dafür sorgen unter anderem acht Saunen und der 25 Meter lange Outdoor-Infinitypool. pfoesl.it/de

Kühe auf der Sommerweide am Schlern mit dem Rosengarten im Hintergrund

20

ALTA BADIA

UNTERWEGS IM FOOD FOREST CIAULUNCH

Wald ist nicht gleich Wald, man denke nur an Mischwald, Laubwald, Nadelwald oder Bergwald. Jetzt also ein Food Forest – ein »Essenswald«? Oder ein »essbarer Wald«? Wohl eher, denn in diesem besonderen Waldprojekt in Alta Badia wächst mehr als die üblichen Schwammerl.

Es begann mit einer Katastrophe. Ende Oktober 2018 fegte das Sturmtief Vaia mit Windböen von über 200 Stundenkilometern über Südtirol hinweg. Ihm fielen über 6000 Hektar Wald zum Opfer, die Folgen sind vielerorts bis heute spürbar. Stark betroffen war auch der Masistiwald am Campolongopass unweit von Corvara.

Bereits im Jahr 2020 wurde mithilfe des Projekts WOWnature Alta Badia mit der Aufforstung begonnen. Doch es sollte kein gewöhnlicher Wald werden: Bereits 2021 konnte der »essbare Wald« eröffnet werden. Er dient als multifunktionales Anbausystem, das CO_2 bindet, die Biodiversität in den Alpen und die Bodenfruchtbarkeit erhöht. Neben Bäumen wachsen in diesem Food Forest, der eine besonders große Artenvielfalt aufweist, auch zahlreiche Wild-, Gewürz-, Heil- und Arzneikräuter, unterschiedlichste Beeren – von Blaubeeren über Himbeeren, Walderdbeeren, Wacholderbeeren bis zu Holunderbeeren – sowie weitere Früchte, und alles kann in der Küche Verwendung finden.

Durch den Wald mit oder ohne Guide

Die Besucher des Food Forest Ciaulunch (nur im Sommer zugänglich) können sich ihre eigene Route überlegen, um die natürliche Vielfalt des »Waldgartens« zu entdecken. Die verschiedenen Pfade sind mit Informationstafeln versehen. Ein intensives Erlebnis, das völlig neue Blickwinkel auf das Ökosystem Wald eröffnet. Und da wir uns hier auch in Ladinien befinden, erfahren ambitionierte Hobbyköche zugleich einige Geheimnisse zur Verwendung von Kräutern und Früchten in der ladinischen Küche. Food Forest eben. Man kann den »essbaren Wald« aber auch mit einem Guide erkunden, was das Erlebnis in jedem Fall noch einmal steigert. Die geführten Touren starten beispielsweise am Parkplatz Planac – auch ein guter Ausgangspunkt für individuelle Besuche – und führen über einen leichten Wanderweg zum »Waldgarten« (keine Haustiere, keine Kinderwagen).

Touristen, Einwohner und Unternehmen können sich aktiv an der Pflege und dem Erhalt des Food Forest beteiligen und etwa eine Baumpatenschaft übernehmen. Wer Wald und Wiese darüber hinaus etwas Gutes tun will, kann am Programm »Eco-Hiker« teilnehmen. Einheimische begleiten Wanderer, erzählen ihnen Interessantes zur schützenswerten Natur, und nebenbei wird diese gleich noch von Müll befreit. Die Teilnehmer werden ausgestattet mit Handschuhen, Zangen und Biosäcken und bringen den eingesammelten Müll ins Tal.

← Ein Besuch des Food Forest ist ein einzigartiges und nachhaltiges Genusserlebnis.
↓ Gerstensuppe – in den letzten Jahren erlebt die ladinische Küche nicht nur hier eine Renaissance.

INFO

BIKEN AUF DER SELLA RONDA
Auf dem Campolongo befindet man sich mitten in der berühmten Skirunde Sella Ronda. Die funktioniert auch mit dem Rad. Der »Sella Ronda Bike Day« findet jedes Jahr an einem Sonntag im Juni oder Juli statt. Dann starten mehr als 15.000 begeisterte Radfahrer, um gemeinsam über das Grödner Joch, den Campolongopass, den Pordoipass und das Sellajoch zu radeln – über 52 Kilometer und 1650 Höhenmeter.

STERNERESTAURANT
Nach der vorübergehenden Schließung des St. Hubertus von Norbert Niederkofler in St. Kassian ist das Stüa de Michil im Hotel La Perla in Corvara mit Chefkoch Simone Cantafio derzeit das einzige Sternerestaurant in Alta Badia. Und immer einen Besuch wert – nicht zuletzt wegen der ausgezeichneten Südtiroler Weine.
laperlacorvara.it/de/essen/la-stua-de-michil

21

LANGKOFEL

DER KULTBERG DES GRÖDNERTALS

Der Langkofel – ladinisch »Saslonch« – ist der höchste Gipfel der Grödner Alpen und zusammen mit dem Sellastock so etwas wie das Gesicht des UNESCO-Welterbes Dolomiten. Wer ihn im Abendrot hat glühen sehen, vergisst dieses faszinierende Bild nicht mehr. Berühmt ist auch seine 1000 Meter hohe Steilwand, eine der höchsten der Alpen, zum Grödnertal.

Stolze 3181 Meter reckt sich der Langkofel in der gleichnamigen Gebirgsgruppe in die Höhe. Es gibt zahlreiche höhere Berge in Südtirol, schönere und unvergesslichere hingegen – wenn überhaupt – nur wenige. Er liegt mitten drin in den Dolomiten und überblickt das Grödnertal. Sein Name bedeutet auf deutsch »langer Stein« und bezieht sich darauf, dass der Langkofel mit einer Breite von etwa einem Kilometer eben ein ganz schön langer Berg ist, der zusammen mit dem Langkofeleck (3081 Meter) über die Hälfte der Fläche der Langkofelgruppe einnimmt.

Erstmals bestiegen wurde der Langkofel im August 1869 von Paul Grohmann, einem Mitbegründer des Österreichischen Alpenvereins. Neben der schon erwähnten 1000 Meter hohen Steilwand weist das Traumziel vieler Kletterer und Bergsteiger noch einige Besonderheiten auf. Selbstverständlich gibt es eine »Biwakschachtel« als Notunterkunft. Und: In der Ostwand steht beziehungsweise hängt eine holzgeschnitzte, drei Meter hohe Madonna des Bildhauers Flavio Pancheri aus den 1950er-Jahren.

Berühmt ist auch die Langkofelscharte, die den Langkofel quasi durchschneidet, zu der auf über 2600 Meter eine Seilbahn hinaufführt. Für Bergwanderer ist jedoch die Tour zu Fuß durch die Scharte ein Muss. Von unten sieht es sehr steil, sehr felsig, sehr schwierig aus, aber geübte Bergwanderer kommen relativ problemlos auch ohne Kletterausrüstung hinauf. Oben ist die Aussicht auf die Gletscher der Marmolata und den Sellastock phänomenal. Einkehren kann man auf dem Weg wunderbar in der Langkofelhütte.

Touren wie im Bilderbuch

Die Seilbahn lief früher ganzjährig. Im Winter erschloss sie zwei steile und ziemlich schwierige Tourenabfahrten durch die Langkofelscharte, wo es öfters auch schwere Unfälle gegeben hat. Jetzt sind Seilbahn und Abfahrten im Winter geschlossen. Dennoch gibt es etliche schöne Skitouren am Langkofel. Zu Fuß und mit dem Mountainbike ist die Umrundung des Bilderbuchbergs aber sicherlich eines der schönsten Dolomitenerlebnisse. Bei der klassischen Höhenrundwanderung umrundet man den Plattkofel gleich mit – es gibt zwar keine größeren Steigungen, aber die Länge erfordert etwas Kondition. Belohnt wird man mit einer einzigartigen Berglandschaft und immer wieder grandiosen Ausblicken auf das Grödner- und das Fassatal.

INFO

MOUNTAINBIKE-PARADIES

Vor der eindrucksvollen Kulisse des Langkofels bietet Gröden Topbedingungen für Mountainbiker mit unterschiedlichsten Touren, Trails, Downhillstrecken, zertifizierten MTB-Hotels und Bikeverleihern. Dabei zeichnet sich Gröden auch dadurch aus, dass Genussbiker ebenso auf ihre Kosten kommen wie sportlich Ambitionierte.
mtb-dolomites.com

GEMÜTLICHE EINKEHR

Das Restaurant Muliné in Wolkenstein ist perfekt für einen genussvollen Einkehrschwung, liegt es doch an der bekannten Saslong-Piste. Hausgemachte regionale Gourmetküche lautet das Motto, und die wird in zwei urgemütlichen Stuben serviert: in der historischen Stube von 1850 und der Grödner Stube mit einem knisternden Holzofen. Und natürlich auf der schönen Sonnenterrasse mit Panoramablick.
muline.it

← Sella und Langkofel sind die bekanntesten Gipfel und das Gesicht der Dolomiten.
↑ Die Langkofelhütte am Ende der Langkofelscharte ist das Ziel zahlreicher Bergsteiger und Wanderer.

Sella und Langkofel in der Morgendämmerung – jede Tages- und jede Jahreszeit hat ihren ganz eigenen Reiz.

22

LAGAZUOI

VIELFALT AN DER DOLOMITENFRONT

Geschichtsberg, Skiberg, Kulturberg – der Lagazuoi an der Grenze zwischen Südtirol und Venetien hat viele Gesichter und eine ganz eigene Aura, die einen immer wieder in den Bann zieht und jedes Mal auf Neue einzigartige Erlebnisse verspricht – vom »Frontbesuch« über Ausstellungen und Bergtouren bis zur Panoramarunde auf Skiern.

Der Lagazuoi liegt mitten in der eindrucksvollen Fanesgruppe im UNESCO-Welterbe Dolomiten. Doch eigentlich müsste man sagen, die beiden Lagazuios, denn es ist ein Berg mit zwei Gipfeln: dem 2835 Meter hohen Großen Lagazuoi und dem etwas niedrigeren Kleinen Lagazuoi (2778 Meter). Letzterer ist der publikumswirksamere Berg, denn auf seinen Gipfel führt die Seilbahn vom Falzaregopass auf der venetianischen Seite. Und ganz in der Nähe liegt das bekannte Cortina d'Ampezzo, Austragungsort der Olympischen Winterspiele 2026.

Spuren des Ersten Weltkriegs

Während des Ersten Weltkriegs verlief am Lagazuoi, an der Grenze zwischen Südtirol und Venetien, die Frontlinie. Südtirol gehörte zur damaligen Zeit zur Habsburger Monarchie, Venetien zu Italien. Der Berg war hart umkämpft. Österreichische Kaiserjäger und italienische Alpinitruppen standen sich in einem gnadenlosen und verlustreichen Stellungskampf im hochalpinen Gelände gegenüber. Beide Seiten legten zwischen 1915 und 1917 am Lagazuoi und an den benachbarten Bergen Stollen, Stellungen und sogar Unterkünfte im Berg an und trieben sie tief in die Felswände. Von dort aus wurde die gegnerische Seite mit Maschinengewehren, Artillerie und Minen bekämpft. Der größte Feind der Soldaten aber war die große Kälte, die in fast 3000 Meter Höhe herrschte. Auch die schlechte Versorgungslage durch schleppenden Nachschub stellte die Truppen vor große Probleme.

Heute ist der Lagazuoi ein fünf Quadratkilometer großes Freiluftmuseum, unterteilt in drei Areale. Ein Teil der Anlagen aus dem Ersten Weltkrieg wurde restauriert und kann besichtigt werden. Die verschiedenen Stellungen wie die Cinque Torri, die Kanonenbatterie der italienischen Gebirgsjäger oder die Festung Tre Sassi sind durch Wanderwege miteinander verbunden. Eine Stellung der Österreicher, die sogenannte Feldwache 4, ist im Winter sogar per Ski zu erreichen, indem man direkt nach der Abfahrt von der Seilbahn Lagazuoi rechts abbiegt. Die Feldwache 4 ist ein in den Fels gegrabener Tunnel zum Schutz der Lagazuoi-Scharte mit zwei gepanzerten Stellungen für Maschinengewehre und zwei Beobachtungsscharten. In der Stellung steht heute die Reproduktion eines Maschinengewehrs mit Tonkommentaren. Auf dem Westhang des Bergkamms sind Nischen zu sehen, die in den Felsen gegraben wurden,

→ Die Kabinenbahn vom Falzaregopass zum Lagazuoi bringt Besucher in die faszinierende Bergwelt.

← Ein entspannendes Highlight ist ein Saunagang in der Lagazuoi-Hütte.
↙ Einige Bergstellungen am Lagazuoi aus dem Ersten Weltkrieg können besichtigt werden.
↘ Im Gebiet des Lagazuoi gibt es zahlreiche Tourenrouten sowie Klettersteige in allen Schwierigkeitsgraden.

um die österreichisch-ungarischen Kasernen unterzubringen. Direkt neben der Feldwache 4 befindet sich der Eingang zur Scharfschützenstellung Postazione del Cecchino, die man über eine Leiter und einen kurzen Stollen erreicht.

Doch den Lagazuoi neben seiner großartigen Berglandschaft nur auf seine Kriegshistorie zu reduzieren, wäre zu kurz gegriffen. So befindet sich auf dem Kleinen Lagazuoi vermutlich eine der höchstgelegenen Galerien der Welt. Im Lagazuoi EXPO Dolomiti direkt neben der Bergstation der Seilbahn finden renommierte Ausstellungen, aber auch kleinere Meetings und Veranstaltungen statt. Ein ambitionierter Ort für Kunst und Kultur jeglicher Art inmitten der einzigartigen Dolomitengipfel.

Auf der Terrasse des EXPO lockt die Lagazuoi Terrace Bar mit köstlichen Kuchen und Torten der Konditorei Embassy aus Cortina sowie einem fantastischen Panorama. Letzteres ist auf der großen Terrasse der Berghütte Rifugio Lagazuoi nicht weniger beeindruckend, die Küche dafür etwas deftiger. Hier oben kann in privaten Zimmern und Bettenlagern auch übernachtet werden – ein Highlight ist das Saunafass, die höchstgelegene Sauna der Dolomiten.

Lagazuoi-Panorama-Skirunde

Der Lagazuoi ist außerdem ein Skiberg, für Tourengeher sowieso, aber auch für halbwegs beschlagene Alpinskifahrer. Die besondere Attraktion ist sicherlich die erlebnisreiche Panorama-Skirunde, aber auch die rote Piste, die direkt unterhalb des Gipfels beginnt und hinab zum Falzaregopass führt, lohnt ein paar Abfahrten. Von dort geht es mit der Gondel wieder hinauf zum Kleinen Lagazuoi. Wer in einem der Skiorte in Alta Badia wohnt, etwa in La Villa oder Corvara, kann per Ski bis Armentarola bei St. Kassian fahren und von dort mit dem Sammeltaxi zum Falzarego.

Oben an der Bergstation der Seilbahn beginnt die eindrucksvolle, 7,5 Kilometer lange Armentarola-Abfahrt, wohl eine der schönsten Pisten Südtirols überhaupt. Bei fast jedem Schwung ergeben sich immer wieder traumhafte Ausblicke auf die sagenumwobene Fanesgruppe. Die Route führt durch ein bezauberndes Tal mit schroffen Bergwänden und steilen Eisfällen bis nach Sass Dlacia hinab.

Hier wartet mit dem tierischen Skishuttle des Noriker-Pferdegespanns ein absolutes Highlight. Es schleppt die Skifahrer an einer langen Leine über die flache Talsohle bis zum Skilift in Armentarola, dem Einstieg ins Skigebiet Alta Badia. Die Bergrasse Noriker sind schwere und langlebige Pferde. Ursprünglich wurden sie von den Bergbauern als Zug- und Arbeitspferde in der Landwirtschaft eingesetzt. Jeder Kutscher in Sass Dlacia hat mindestens drei Pferde, damit das Abschleppen der Skifahrer im Wechsel erfolgen kann und die Pferde nicht überanstrengt werden.

INFO

OBSTSALAT HOCH VIER

Keinesfalls sollte man nach dem Pferde-Skishuttle sofort weiterliften – man würde definitiv etwas verpassen. Eine Einkehr im Hotel Armentarola, möglichst auf der sonnigen Terrasse, ist Pflicht. Der Obstsalat, den es in vier Varianten gibt, ist mehr als eine Sünde wert – er wurde bereits als »weltbester Obstsalat« bezeichnet. Deshalb wird die Abfahrt nach Armentarola gerne auch als »Obstsalat-Abfahrt«, die Skitour von St. Christina als »Obstsalat-Tour« bezeichnet.

BIKEN

Das Gebiet um den Lagazuoi bietet zahlreiche Mountainbike-Strecken, etwa durch das Areal des Freilichtmuseums des Ersten Weltkriegs und die umliegenden Berglandschaften. An der Rifugio Col Gallina am Falzaregopass kann man im Winter mit dem Fatbike – also einem Rad mit sehr breiten Reifen – zwei eigens reservierte Skipisten hinunterfahren – wieder hoch geht es mit dem Sessellift oder eigener Muskelkraft.

Der »Pferdelift« bringt Skifahrer kräfteschonend zurück nach Armentarola.

DER PERFEKTE TAG

Ein perfekter Tag in Alta Badia hat viele Facetten – von sportlich aktiv über gemütlich in Bewegung bis zu genussreich entspannt. Im Winter liegt der Fokus dabei auf der Lagazuoi-Runde mit Skiern, im Sommer gesellt sich zur Bewegung vor allem Genuss.

8 UHR – FRÜHSTÜCKEN AM BIOBAUERNHOF Früh morgens spazieren wir mit knurrendem Magen zum Bio Lüch Ruances (hier kann man auch wohnen), einem Biobauernhof am Dorfeingang von St. Kassian (ruances.it). Dort wartet schon ein leckeres, kräftiges ladinisches gosté da paur (Frühstück) auf uns. Am Büfett reiht sich würzig duftender Almkäse neben Gläsern mit fein geschichteten Joghurtkreationen und hausgemachten Kuchen auf. Natürlich schauen wir vor dem Aufbruch noch Bauer Martin beim Käsemachen über die Schulter.

10 UHR – GEFÜHRTE TOUR IM FOOD FOREST ALTA BADIA Gut gestärkt geht es von St. Kassian in die Nähe von Corvara zum Food Forest, einem ganz besonderen (Wald-)Garten, in dem allerlei essbare Kräuter, Beeren und Pilze wachsen. Bei unserer Tour verrät der Guide, wie und wo die Kräuter und Früchte in der Küche zum Einsatz kommen. Der Waldspaziergang ist ein intensives Erlebnis zum Energietanken, aber nicht besonders anstrengend.

12.30 UHR – ZEIT FÜR LUNCH Wir sind ein wenig faul und nehmen ab Corvara die Gondelbahn Boé. Von der Bergstation ist es nur ein kurzer Abstieg zur wunderbaren, 2000 Meter hoch gelegenen Berghütte Ütia Crëp de Munt (crepdemunt.it). Dort genießen wir die hervorragende ladinische Küche mit Heusuppe, selbst gemachtem Speck, frischer Pasta, Semifreddo und gönnen uns noch einen hausgebrannten Grappa. Zur Verdauung laufen wir die etwa drei Kilometer hinunter ins Tal.

16 UHR – ZUM BADEN AN DEN SEE Genug Bewegung – der Rest des Tages gehört der Entspannung. Es ist ein strahlender Dolomitentag, und so geht es an den Biotop-Badesee. Der liegt recht idyllisch und tatsächlich direkt im Dorf Corvara und verfügt über Badesee, Kinderteich, Liegewiese und Bar mit schöner Terrasse.

20 UHR – DINNER IM STERNERESTAURANT Das La Stüa de Michil in Corvara ist seit Jahren bereits eine sichere Genussbank mit einem Michelin-Stern. Simone Cantafios kreative Gerichte begeistern immer wieder, ebenso wie sein üppig bestückter Weinkeller. Dazu passt das intime und romantische Ambiente – der traumhafte Abschluss eines perfekten Tages in Alta Badia.

← Bei einem perfekten Tag in Alta Badia steht der Food Forest selbstverständlich auf dem Plan.
↖ Ein Besuch bei Kräuterfachfrau Helga
↑ Das schmucke Corvara ist der Hauptort von Alta Badia.
↗ Auf der Suche nach kulinarischen Genüssen aus dem Food Forest
↓ Auf der Bio Lüch Ruances kann man lokale Produkte probieren.

24

VILLNÖSSTAL

IDYLLE PUR INMITTEN DER DOLOMITEN

Das Villnößtal mitten im UNESCO-Welterbe der Dolomiten hat sich ganz dem sanften Tourismus verschrieben und ist eines der ursprünglichsten und schönsten Dolomitentäler überhaupt – im Sommer ebenso wie im Winter. Zudem darf es sich auch die erste »Slow Food Travel Destination« Südtirols nennen. Auch kulinarische Erlebnisse sind also garantiert.

Bei Klausen zweigt das Villnößtal, italienisch Val di Funes, vom Eisacktal ab und zieht sich 24 Kilometer lang nach Osten mitten hinein in die fantastische Bergwelt der Dolomiten. 24 Kilometer pure Idylle mit vier kleinen Dörfern, grünen Wäldern, saftigen Wiesen, lauschigen Almen, schroffen Felsen und majestätischen Gipfeln wie den Geislerspitzen mit ihren senkrechten Felswänden. Und auch ein Teil des Naturparks Puez-Geisler gehört zu Villnöß. Die Heimat von Bergsteigerikone Reinhold Messner, der im Hauptort St. Peter seine Kindheit verbracht hat, könnte kaum schöner sein – schön, schöner, Villnöß – und dazu ist es nicht überlaufen. Besiedelt ist das Tal nur recht dünn. Neben den Orten St. Peter, das malerisch an einem Sonnenhang liegt, St. Magdalena, Teis und Nafen (Letzterer am niedriger gelegenen Talanfang) steht hier und da ein einsamer Bergbauernhof oder eine kleine Kapelle in der Landschaft. Genau das Richtige also für Naturliebhaber, die Entschleunigung inmitten einer einzigartigen Bergwelt suchen.

Villnöß, so auch der Name der übergeordneten Gemeinde, hat sich ganz dem nachhaltigen Tourismus verschrieben und gehört zum Netzwerk »Alpine Pearls«, in dem sich etliche der schönsten und umweltbewusstesten Urlaubsorte im Alpenraum zusammengeschlossen haben.

← Die Kapelle St. Johann in Ranui m Villnößtal mit Blick zu den Geislerspitzen

Modernes Naturparkhaus

Der höchstgelegene Ort im Villnößtal ist St. Magdalena auf über 1300 Meter Seehöhe. In dem Ort steht auch das außen wie innen sehenswerte Naturparkhaus Puez-Geisler. Der schlichte, von den Architekten Stefan Burger und Birgit Rudacs entworfene, zeitgenössische Kubus aus Beton, Holz und Glas fügt sich harmonisch in die Landschaft ein. Das Besucherzentrum zeigt interessante Ausstellungen wie ein begehbares Luftbild oder den Bereich »Berge anfassen«, in dem Gesteinsarten und -schichten vorgestellt werden, außerdem die beiden Dauerausstellungen »Wunderkammer der Natur« und »Berge erobern«.

Hinter St. Magdalena, zwischen dem Villnößtalschluss und dem benachbarten Gröden, liegen die viel fotografierten Geislerspitzen, wo Extrembergsteiger Reinhold Messner das Klettern erlernte. Die aneinandergereihten markanten Felsspitzen aus zerklüftetem Dolomitgestein gaben dem Naturpark seinen Namen. Häufig wird auch von den Villnößer Geislern als Abgrenzung zu den Aferer Geislern gesprochen, die gegenüber, auf der nördlichen Talseite liegen. Die höchste Erhebung der Villnößer Geisler, die im Ladinischen als »odles« (»Nadeln«) bezeichnet werden, ist der 3025 Meter hohe Sass Rigais, eines der beliebtesten Fotomotive.

Die Umrundung der Geislerspitzen gilt bei Bergwanderern als absolutes Highlight. Bekannte und beliebte Wanderwege sind etwa der »Adolf-Munkel-Weg« an der Nordseite der Geislerspitzen oder der »Günther-Messner-Steig« am Aferer Geisler. Leichte Wanderungen führen zu idyllischen Almen wie der Geisleralm, der Gampenalm, der Glatschalm oder der Dusleralm. Dort warten urige Hütten nach einer anstrengenden Schneeschuhwanderung oder einer Runde in der Langlaufloipe mit Spezialitäten wie einer typischen Marende (Südtiroler Jause mit Käse, Speck und Schüttelbrot), deftigen Speckknödeln, einem schlotzigen Risotto oder einem süßen Kaiserschmarrn.

Lokales Handwerk genießen

Bei so viel gutem Essen, ambitionierten Wirten und Erzeugern sowie erstklassigen regionalen Produkten verwundert es nicht, dass das Villnößtal die erste »Slow Food Travel Destination« in Südtirol ist. Slow Food würdigt damit die »bäuerliche Kultur und die Nachhaltigkeit der Lebensart der Einheimischen« und bietet zahlreiche Genusserlebnisse im Tal an.

Aushängeschilder sind dabei die beiden »Presidi Slow Food«-Projekte, die dazu dienen, lokale und handwerkliche Lebensmittel zu schützen und deren Erzeuger zu unterstützen. Im Villnößtal sind das das Villnößer Brillenschaf und das Geisler Grauvieh, eine der ältesten autochthonen Bergrinderrassen der Alpen – ein saftiges Steak von einem Grauen Geislerrind in einem der gemütlichen Gasthäuser ist ein besonderer Genuss.

Viele Erzeuger verkaufen ihre Produkte wie Honig und Bergkäse direkt ab Hof, wo man die Spezialitäten gleich probieren und die Menschen dahinter kennenlernen kann. Aber auch heimischer Weißwein aus Kerner oder Müller-Thurgau wird in den Weingärten zwischen Teis und Nafen gekeltert – sehr schön ist etwa die geführte Wanderung zum »Huaber Weingart«. Daneben wird in den Dörfern außerdem das Kunsthandwerk hochgehalten, beispielsweise werden Körbe, Holzskulpturen und Schmuck produziert.

Eine außergewöhnliche, erlebenswerte Veranstaltung ist alljährlich Anfang Oktober einer besonderen Spezialität gewidmet. Ein ganzes Wochenende lang dreht sich beim Südtiroler Speckfest alles um den Speck. An Schauöfen wird Brot gebacken, die Bauern des Dolomitentals bieten ihre hofeigenen Produkte an und geben Einblicke in bäuerliches Brauchtum und Handwerk. Höhepunkt am Sonntag ist die Enthüllung der »Speckfestüberraschung«.

↖ Der Klettersteig an der Via Ferrata ist nach Günther Messner benannt.
← Das Kunsthandwerk des Holzschnitzens hat in Südtirol eine lange Tradition.
↗ Die Geisleralm – im Hintergrund die Geislerspitzen – ist der perfekte Ausgangspunkt für Bergtouren.

INFO

VILLNÖSSER BAUERNLADELE

Im neuen Bauernladen im Dorfzentrum von St. Peter, im Guest House Viel Nois, wird so ziemlich alles an lokalen Produkten angeboten, was Villnöß zu bieten hat. Dazu zählt Verschiedenes aus Kräutern vom Bergkräutergarten, Einfaches wie Eier und Joghurt, Biobergkäse vom Petrunderhof oder Gemüse vom Proderhof. Unbedingt probieren sollte man die Salami und die Kaminwurzen vom Villnößer Brillenschaf, dessen Wolle natürlich auch zu wärmenden Produkten verarbeitet wird.

RODELN VOM FEINSTEN

Fernab vom Rummel kann man in Villnöß den Winter auf mehreren bestens präparierten Naturrodelbahnen in vollen Zügen genießen. Ein Klassiker ist die sechs Kilometer lange Rodelbahn von der Geisler Alm nach Ranui mit satten 680 Meter Höhenunterschied – allerdings auch zwei Stunden Aufstieg. Neu ist die Strecke von Glatsch über Dusler nach Ranui. Rodel gibt es direkt auf den Hütten oder beim Rodelverleih in St. Magdalena.

Der traditionelle Südtiroler Speck darf auf keiner deftigen Marende – der Südtiroler Brettljause – fehlen.

Der Langsee ist der größte der Spronser Seen im Naturpark Texelgruppe.

MERAN UND DAS MERANER LAND

Die Kurstadt verzaubert Besucher mit ihrem Charme, das Umland mit Obst, Wein und erlebenswerter Bergwelt.

25

PARTSCHINSER WASSERFALL

EIN GROSSARTIGES NATURSCHAUSPIEL

Na, das nennt sich mal zu Recht ein Wasserfall. Knapp 100 Meter stürzt das Wasser eine senkrechte Felswand bei Partschins in die Tiefe hinunter und bildet so ein einzigartiges Naturschauspiel – zumal er einer der schönsten Wasserfälle der Alpen ist.

Die hübsche Gemeinde Partschins, umgeben von Apfelwiesen, ist das westliche Tor zum Meraner Land und der östliche Zugang zum Vinschgau. Die Topattraktion (neben dem Schreibmaschinenmuseum) ist der bekannte Partschinser Wasserfall, der mit einer Fallhöhe von 97 Metern zwar nicht der höchste Wasserfall der Alpen ist, aber sicherlich einer der schönsten – und für Südtirol gilt das sowieso. Gespeist wird er vom Zielbach, der am 3220 Meter hohen Berg Lodner in der oberhalb gelegenen Texelgruppe entspringt und in der Vinschger Talsohle in die Etsch mündet. Vor allem während der Schneeschmelze sind die Wassermassen gewaltig. Dann stürzen bis zu 10.000 Liter Wasser in der Sekunde über die Felskante in die Tiefe. Neben dem Hauptwasserfall gibt es noch die »Fallelen«, kleine Wasserfälle, die hinter der Aussichtsplattform beginnen und sich bis weit ins Zieltal hinein bis zu den Partschinser Weiden und Almen erstrecken.

Viele Wege zum Ziel

Die einfachste Möglichkeit, sich dieses Naturschauspiel aus der Nähe anzuschauen, führt über einen kurzen Fußweg vom Gasthaus Wasserfall aus zu den Kaskaden – es gibt auch eine lange, drei- bis vierstündige Rundwanderung. Bereits kurze Zeit nach dem Gasthaus erreicht man eine Aussichtsplattform, die einen hervorragenden Blick auf das Wasserschauspiel ermöglicht. Doch schon der Weg dorthin ist ereignisreich. So sieht man etwa unterwegs den Partschinser Waalweg, ein altes Bewässerungssystem, oder auch prähistorische Schalensteine (natürliche Steine mit künstlichen, runden Vertiefungen). Vom Partschinser Dorfzentrum wiederum ist der Fall in einer eineinhalbstündigen Wanderung oder mit dem Linienbus 265 erreichbar. Und auch von der Bergstation der Texelbahn aus kann man zum rauschenden Wasserfall wandern.

Am Wasserfall selbst herrscht im Übrigen durch die besonderen Gegebenheiten ein spezielles Mikroklima, das gut für die Gesundheit ist. In einer Studie der Technischen Universität München wurde jüngst die Wasser- und Luftqualität am Partschinser Wasserfall untersucht. Mit sehr positiven Ergebnissen: Die durchgeführten Analysen und Messungen bescheinigen dem Wasserfall sauberes, keimfreies Wasser und eine hervorragende Luftqualität. Und wenn etwa am späten Vormittag oder frühen Mittag die Sonnenstrahlen in die Schlucht fallen, schillert der feine Wassernebel in allen Regenbogenfarben.

← Der Partschinser Wasserfall bietet ein einzigartiges Naturspektakel und herrliche Abkühlung an heißen Sommertagen.
↓ Das Peter-Mitterhofer-Museum in Partschins ist dem Erfinder der Schreibmaschine gewidmet.

INFO

GESCHICHTE DER SCHREIBMASCHINE
Partschins hat drei Museen. Das Interessanteste ist das Schreibmaschinenmuseum Peter Mitterhofer, benannt nach Peter Mitterhofer, der die ersten Schreib-maschinen im 19. Jahrhundert gebaut und am Kaiserlichen Hof in Wien vorgestellt hat. Das Museum besitzt über 2000 Exponate. Ebenfalls interessant ist die Eisenbahnwelt Rabland mit ihren detailgetreuen Miniaturen.
schreibmaschinenmuseum.com

UNBEDINGT VERKOSTEN!
Im Dorf Partschins ist auch das Weingut und die Hofbrennerei Gaudenz im Gutshof Isser zu Hause. Der weithin sichtbare Gaudententurm wurde bereits im Jahr 1348 erbaut. Bei den Weinen werden hauptsächlich Zweigelt, Weißburgunder und Vernatsch angebaut. Dazu gibt es edle Brände wie eine Apfelbrand Cuvée oder einen Grappa Vernatsch. Es werden Verkostungen und Führungen angeboten.
hofbrennerei.com

26

VÖRAN

DIE KNOTTN UND IHR KINO

Hoch über dem Etschtal und über Meran liegt auf einer Sonnenterrasse das kleine Dorf Vöran, das mit den einzigartigen Knottn und dem Knottnkino ganz besondere landschaftliche Erlebnisse bietet.

Hinauf nach Vöran geht es bequem entweder mit der Seilbahn von Burgstall bis ins Ortszentrum oder mit dem eigenen Wagen oder Linienbus über die panoramareiche Straße ab Terlan oder Meran. Der Ort liegt auf 1200 Meter Höhe inmitten von Wald und Almwiesen. Das milde Klima und die besondere Vegetation des Hochplateaus laden das ganze Jahr über zu Spaziergängen und Wanderungen ein. Besonders sehenswert sind die alten Strohdächer der Bergbauernhöfe, die bajuwarischen Ursprungs sind. Vöran ist führend in Sachen Nachhaltigkeit und erneuerbare Energien. Es verfügt über Fotovoltaikanlagen und ein Biosolarheizwerk, welches das gesamte Dorfzentrum mit der nötigen Wärme versorgt.

Ungewöhnliches Naturkino

Der Besucher kommt aber wegen anderer Attraktionen, insbesondere den Knottn und dem Knottnkino. Die Knottn, aus dem Südtiroler Dialekt mit »Felsen« übersetzt, sind drei tuffförmige Kegel aus rotem Porphyr, die in Südtirol einzigartig sind: der Rotstein, der Beimstein und der Timpfler Knott. Vor einigen Millionen Jahren, als der Tschögglberg, der Bergrücken, der sich zwischen Bozen und Meran erstreckt, von Lava und Aschenregen geformt wurde, sind diese roten, runden Kegel entstanden.

Heute befindet sich auf dem Rotstein Knott mit dem Knottnkino eine besondere Attraktion: eine interaktive Kunstinstallation. Der Künstler Franz Messner aus Ritten hat insgesamt 30 handgefertigte Kinosessel aus Stahl und Holz installiert und den Knottn so in ein Freiluftkino verwandelt, das dazu einlädt, Platz zu nehmen und die herrliche Aussicht zu genießen. Der Blick schweift über das Meraner Land, das Etschtal und die umgebende Bergwelt, von der Texelgruppe im Norden bis zum Weißhorn im Süden.

2019 haben die Architekten Verena und David Messner, die Kinder des Knottnkino-Künstlers, das Projekt des Vaters fortgesetzt. Sie verbanden die drei Knottn durch den Themenwanderweg »Knottnkino«, eine rund vierstündige Wanderung. Man kann die drei Wahrzeichen von Vöran aber auch einzeln in Wanderungen mit kürzeren Gehzeiten erkunden. Auf allen drei Kegeln laden jeweils ein neues Freiluftkino – beim Beimstein Knott das Kino Attimo – und kunstvoll gestaltete Rastplätze dazu ein, die wunderbare Aussicht zu genießen. Ausgangspunkt ist die Bergstation der Seilbahn Burgstall-Vöran – für Kinder gibt es hier auch einen attraktiven Spielplatz.

INFO

MEHR TEMPO GEFÄLLIG?

Der »Sunnseitn Steig« von Burgstall nach Vöran ist ein beliebter Lauf- und Speed-Hiking-Trail für all jene, die eine besondere sportliche Herausforderung suchen. Ausgangspunkt ist die Talstation der Seilbahn in Burgstall. Mit seinen vier Kilometern Länge und rund 1000 Höhenmetern ist der Steig ein echter Klassiker.

ALMHÜTTEN SATT

Das sonnige Hochplateau zwischen Hafling, Vöran und Meran 2000 ist gespickt mit gemütlichen bewirtschafteten Almhütten, die teils nur im Sommer, teils aber auch im Winter (manche mit Rodelbahn) geöffnet sind. Von Vöran geht es etwa zu Fuß in anderthalb Stunden auf die schön gelegene Leadner Alm (1530 Meter), wo man sich bestens mit schmackhafter Hausmannskost stärken kann. Oberhalb von Hafling ist die Wurzer Alm nicht nur für Wanderer, sondern auch für Mountainbiker ein beliebtes Ziel. Die Hütte wurde 2014 zur schönsten in Südtirol gekürt. Für Kinder gibt es zudem allerlei Tiere.
leadneralm.com, wurzer-alm.com

← Das Knottnkino auf einer Sonnenterrasse hoch über dem Etschtal zeigt spektakuläre Aus- und Ansichten.
↑ Da geht's lang – es ist nicht mehr weit bis zum Aussichtspunkt.

27

MERANER HÖHENWEG

EINMAL RUND UM DIE TEXELGRUPPE

Der Meraner Höhenweg, der komplett um den Gebirgszug herumführt, ist *die* mehrtägige Bergwanderung in Südtirol schlechthin … und wohl auch in den Alpen. Sie bietet spektakuläre Berg- und Naturerlebnisse und Übernachtungen in urigen Berghütten, ist allerdings nichts für »Halbschuh-Wanderer«.

Wie erlebt man die faszinierende Bergwelt am authentischsten und intensivsten? Genau, zu Fuß. Wenn man denn gut zu Fuß ist. Und das sollte man sein, am besten auch mit Alpinerfahrung und guter Trittsicherheit, wenn man den Höhenweg, der einmal um die Texelgruppe im gleichnamigen Nationalpark herumführt, angehen möchte. Die Entstehung des Meraner Höhenweges geht Hand in Hand mit der Einrichtung des Naturparks Texelgruppe im Jahr 1976. Ziel war es, die alpine Landschaft in ihrem ursprünglichen Zustand zu belassen und dabei gleichzeitig einen »Gebirgserholungsraum« zu schaffen. Der Naturpark umfasst das Gebiet zwischen dem Schnalstal im Westen, den Ötztaler Alpen im Norden sowie dem Passeiertal im Osten. An den südlichen Ausläufern liegen Meran und der untere Vinschgau.

Bis zu acht Etappen

Auf dem Höhenweg geht es von Hütte zu Gasthof und von Gasthof zu Hütte (unbedingt rechtzeitig reservieren!) – die ersten Berg- und Schutzhütten wurden in diesem Gebiet bereits in den 1880er- und 1890er-Jahren vom Deutschen Alpenverein erbaut und werden bis heute bewirtschaftet. Für ein kräftiges Frühstück am Morgen und ein üppiges, bodenständiges Südtiroler Essen am Abend ist also gesorgt. Es bleibt der eigenen Kondition und Motivation überlassen, ob man den anspruchsvollen Höhenweg in fünf, sechs, sieben oder acht Etappen »macht«. Der eine mag es eben auch beim Wandern gemütlicher, die andere entwickelt am Berg sportlichen Ehrgeiz. Und natürlich spielt die Wahl der Variante eine Rolle, wodurch Länge und Schwierigkeit variieren. Zumeist werden sieben Tage als ideal angesehen. Es gibt aber auch verschiedene Möglichkeiten des Zustiegs in die Tour, etwa in Ulfas, Algund, Pfelder, Naturns, St. Leonhard oder in Dorf Tirol.

Natürlich ist nicht nur die große Runde möglich. Aufgrund der verschiedenen Zu- und Ausstiegsmöglichkeiten und des gut ausgebauten öffentlichen Nahverkehrssystems können auch nur zwei oder drei Etappen gegangen werden. Und selbst zahlreiche Eintageswanderungen sind an den verschiedenen Orten und Abschnitten des Höhenwegs möglich – einige sogar familientauglich, andere recht anspruchsvoll. An schwierigen Stellen sind Ketten, Seile oder Geländer zur Sicherheit angebracht. Naturstufen oder Kunsttreppen erleichtern den Auf- und Abstieg.

Die gesamte Standardbergtour hat eine Länge von rund 100 Kilometern und führt unter anderem durch das

← Die Wanderung auf dem Meraner Höhenweg oberhalb von Dorf Tirol ist ein echtes Erlebnis.

Schnalstal, das Passeiertal, das Zieltal und die Orte Algund, Dorf Tirol, Meran, Kastelbell, Partschins und Naturns. Der Weg weist dabei insgesamt einen Unterschied von 5100 Höhenmetern auf. Überwiegend bewegt man sich dabei auf einer Höhe zwischen 1300 und 2500 Metern und durchwandert auch hochalpines Gelände und Landschaften; zwischendurch gibt es immer mal Abstiege bis hinunter ins Tal. Der niedrigste Punkt des Bergwanderwegs liegt auf 839 Metern, die höchste Stelle auf 2895 Metern.

Dabei sind die klimatischen Bedingungen – und damit die Möglichkeiten, wann welche Etappen begehbar sind – unterschiedlich. Auf der Nordseite der Texelgruppe ist es kälter und es liegt mehr Schnee. Die Wandersaison ist daher auf der Südseite länger und reicht etwa von Mai bis Oktober. Das muss unbedingt beachtet werden, wenn man den gesamten Höhenweg wandern möchte. Die Saison für die komplette Runde erstreckt sich je nach Schneelage etwa von Ende Juni bis September.

Die Sechstagesvariante

Grundsätzlich kann die Tour in beide Richtungen gewandert werden. Die meisten starten jedoch auf der Südseite, beispielsweise in Dorf Tirol, und setzen die Tour dann im Uhrzeigersinn fort. Die erste Etappe führt beispielsweise bis zum Berggasthof Gigglberg oberhalb von Partschins – aufgrund der Seilbahn Texelbahn ebenfalls ein günstiger Ein- und Ausstieg in den Meraner Höhenweg. Etappe zwei (der Sechstagesvariante) führt ins Schnalstal, Etappe drei durch das Pfossental zum Eishof, Etappe vier über das Eisjoch an der knapp 3500 Meter hohen »Hohen Wilden« vorbei nach Pfelders. Weiter geht es auf der fünften Etappe zum kleinen Weiler Matatz und schließlich, am sechsten Tag, durch das wunderschöne, wildromantische Passeiertal zu den Muthöfen oberhalb von Dorf Tirol, von wo die Gondelbahn die Wanderer wieder zurück ins Tal bringt.

Wer zeitlich flexibel ist, kann Schlechtwettertage für ein wenig Sightseeing am Wegesrand nutzen. So sind etwa das Zentrum von Meran, Schloss Juval und die Fundstelle von Ötzi im Schnalstal, das Passeier Museum (Andreas Hofer) in St. Leonhard oder auch der Partschinser Wasserfall (s. S. 104 f.) leicht vom Höhenweg aus zu erreichen.

Übriges: Wer den Meraner Höhenweg gut bewältigt hat, kann sich danach die Sarntaler Hufeisentour vornehmen (s. S. 31 ff.), eine hochalpine Hüttenwanderung über sieben Tage, die den Bergwanderern noch mehr abverlangt, aber mindestens genauso eindrucksvoll und erlebnisreich ist.

↖ Die Texelbahn bringt Ausflügler und Bergwanderer entspannt direkt hinein in den herrlichen Naturpark.
← Die Taufenscharte zwischen Mutspitz und Rötl lädt zu einer anspruchsvollen Bergtour, die steile Passagen und landschaftliche Höhepunkte bietet.
↗ Die Mutspitze im Naturpark Texelgruppe ist der Hausberg von Dorf Tirol.

INFO

EINKEHR AM HÖCHSTEN PUNKT

Die Stettiner Hütte liegt am höchsten Punkt des Höhenwegs auf knapp 2900 Meter Höhe in der Nähe des Übergangs zwischen Pfelderer Tal und Pfossental. Geöffnet ist sie ab Anfang Juli und bietet 70 Gästen Platz in Mehrbettzimmern. Einzigartig ist das schier unglaubliche Panorama dort oben. Morgens gibt es ein schmackhaftes Frühstücksbüfett, ansonsten warme Südtiroler Küche den ganzen Tag hindurch. stettinerhuette.com

MODERNE WELLNESS-OASE

Wer Dorf Tirol als Endpunkt oder Einstiegsort in den Meraner Höhenweg wählt, findet in dem Designhotel Gartner einen idealen Standort zum Übernachten. Die Lifestyle-Oase verbindet gekonnt modernes Ambiente mit Südtiroler Gastlichkeit. Zudem überzeugt die Küche jeden Tag mit sehr gutem Essen, und der ausgefallene Wellnessbereich White Spa House sorgt für perfekte Entspannung nach der Wanderung. hotel-gartner.com

Eindrucksvolles Bergpanorama: Eisjöchl, Stettiner Hütte und Hohe Weiße

28

MARLING

ALPIN-MEDITERRANES IDYLL OBERHALB VON MERAN

In herrlicher Lage auf einem sonnigen Hügel oberhalb von Meran liegt das Weindorf Marling, umgeben von historischen Weinbergen und Apfelwiesen. Die malerische Landschaft, der beschauliche Dorfkern, die traditionellen Kellereien, das alte Brauchtum, die umliegenden Berge und die charakteristischen Waalwege machen den Ort zu einem einzigartigen Idyll.

Auf dem Land und doch nah an der Stadt: Nur ein gut halbstündiger Spaziergang ist es von der Kurstadt Meran hinüber über die Etsch und hinaus zum lauschigen Weindorf Marling inmitten von Weinreben und Apfelbäumen. Die Häuser liegen hübsch am Hang, und dahinter steigt der Marlinger Berg in alpine Höhen empor. Es ist ein ruhiges Dorf mit einer entspannten Atmosphäre.

Im Zentrum steht die Pfarrkirche Maria Himmelfahrt, die einem Urlauber aus England so gut gefiel, dass er sie in seinem Heimatort Selsley in Gloucestershire nachbauen ließ. Architektur und Design in moderner Form zeichnen hingegen den Neubau der Kellerei Meran in Marling aus – ein echter Hingucker. Die Weine der Genossenschaft zählen zu Südtirols Topklasse, wie überhaupt die Marlinger Weine einen ausgezeichneten Ruf genießen. Das Klima ist hier noch etwas anders als südlich an der Südtiroler Weinstraße, weshalb die Weine, auch die Weißen, etwas mehr Zeit brauchen. Marling wird gemeinhin »das prickelnde Dorf« genannt, denn in der Weinbaugemeinde mit einer mehr als 800-jährigen Tradition sind gleich vier Sektproduzenten ansässig, mehr als in den anderen Weindörfern Südtirols.

Einblicke in die Weinkultur

So ist es ein Muss, einmal den gut ausgeschilderten, etwa vier Kilometer langen »Marlinger WeinKulturWeg« abzulaufen, auf dem man alles Wissenswerte über Wein in Marling erfährt. Er führt natürlich an der Kellerei Meran sowie weiteren Weinhöfen vorbei. Am Wegesrand stehen zahlreiche Infotafeln, die von der Weinkultur und der Geschichte des Weins erzählen. Außerdem sind verschiedene Objekte ausgestellt, die mit dem Weinbau zu tun haben, etwa ein Moster oder ein Reber. Und natürlich sollte man auf den Weingütern die Gelegenheit zu Führungen und Verkostungen nutzen – im Rochelehof wurde sogar ein Erlebniskeller eingerichtet. Daneben sind in Marling aber auch einige renommierte Brennereien wie Unterthurner ansässig.

Eine weitere Wanderung führt den Marlinger Waalweg, der längste seiner Art in Südtirol, entlang. Er folgt zwölf Kilometer einem alten Wassergraben. Der künstlich angelegte Bewässerungskanal geht auf die Zeit von 1737 bis 1756 zurück, als er auf Anregung des Kartäuserklosters Allerengelberg, das schon damals ein Weingut in Marling besaß, angelegt wurde. Natürlich kann die Umgebung von Marling mit zünftigen Einkehrmöglichkeiten aufwarten, und im Herbst öffnen zahlreiche Buschenschanken ihre Türen.

← Imposant thront Schloss Lebenberg im Burggrafenamt über den Weinbergen.
↓ Die Waalwege, hier der Marlinger Waalweg, laden zu entspannten Spaziergängen und längeren Wanderungen ein.

INFO

SCHLOSS LEBENBERG
Ein Highlight von Marling ist Schloss Lebenberg in Tscherms, eines der schönsten Schlösser Südtirols. Die burgähnliche Anlage ist ausgesprochen gut erhalten und zudem vollständig eingerichtet. Umgeben wird das Schloss von einem einmaligen Rokoko-Ziergarten. Im Sommer ist es für Besucher geöffnet.
daslebenberg.com

ESSEN IM WEINFASS
Im Restaurant Vinumgarten im Hotel Paradies in Marling kann man die frische alpin-mediterrane Küche und die Weine regionaler Winzer nicht nur im schönen Garten genießen, sondern auch in zwei ganz besonderen Locations: in zwei großen Weinholzfässern mit jeweils Platz für sechs Gäste.
hotel-paradies.com

SÜDTIROLER KÜCHE

VON ALPIN BIS MEDITERRAN

Südtirol ist ein ausgesprochen schönes Ziel für Genießer. Das liegt zum einen an der eigenständigen Südtiroler Küche, die verschiedene Einflüsse miteinander verbindet, und den hochwertigen regionalen Produkten. Und zum anderen an den zahlreichen gemütlichen Hütten, Gasthöfen und Restaurants, wo man Gäste bestens zu verwöhnen weiß.

Die sehr vielfältige Südtiroler Küche ist zwar eine deftige, aber deshalb noch lange nicht auf Finesse verzichtende Küche, was nicht zuletzt die zahlreichen Sterne-Restaurants auf höchstem Niveau beweisen. Gerade junge Küchenchefs bewahren die traditionelle bäuerliche Küche, auch die ladinische der Berge, besinnen sich aber ebenso auf die Einflüsse aus Österreich, Venetien, Trentino oder der Lombardei.

Klassiker – und wohl nach jeder Wanderung eine willkommene Stärkung – sind in jedem Fall Knödel, Nockerln oder Nocken und Krapfen in allen möglichen herzhaften bis sü-

← Beim Törggelen stärkt man sich mit den typischen regionalen Spezialitäten und verkostet die neuen Weiß- und Rotweine.
↙ Der Drei-Sterne-Koch Norbert Niederkofler kocht mit seinem Küchenteam auf dem Lagazuoi erlesene Gerichte mit Aussicht.

ßen Varianten. Speck- und Leberknödel kommen häufig mit deftigem Kraut daher, Spinatknödel werden mit geriebenem Käse serviert, Kasnocken mit flüssiger Butter. Butter spielte in den Bergen schon immer eine besondere Rolle. Sie war leicht verfügbar, und die Menschen brauchten Fett für die harte Arbeit. Unter den Krapfen sind die mit Spinat gefüllten Schlutzkrapfen ein Favorit. Zu den süßen mit Marillen, Zwetschgen, Äpfeln oder Birnen gefüllten Knödeln gehören unbedingt Zimt und Zucker. Dieselben süßen und herzhaften Füllungen, zumeist aus regionalen Produkten, gibt es im Prinzip auch bei den Südtiroler Strudeln aus dem Backofen.

Aus Wald und Wasser

Wildgerichte, teilweise modern interpretiert, stehen in vielen Restaurants auf der Karte. Ebenso der Fisch. Dabei kommen sowohl heimische Süßwasserfische wie Forellen auf die Teller als auch Fisch aus dem Mittelmeer – bis zur Adria ist es ja nicht weit. Die bekannte Comici-Hütte in den Dolomiten auf über 2000 Metern bekommt beispielsweise täglich fangfrischen Fisch aus Grado geliefert.

Von mittags bis abends

Typisch zwischen Brenner und Salurner Klause ist auch die nachmittägliche Brettljause, in Südtirol »Marende« genannt, zu der unbedingt Südtiroler Speck, Bergkäse – er wird auf zahlreichen Almen hergestellt – und das knackige Schüttelbrot aus Roggenmehl mit Kümmel oder Fenchelsamen gehören. Hinzu gesellen sich häufig auch Gewürzgurken, grobe Leberwurst oder eine Bergsalami. Eine anständige Marende bekommt man praktisch auf jeder Hütte und in jedem Gasthaus von mittags bis abends. Und auch beim Törgggelen stellt sie zusammen mit Knödeln und heißen »Keschtn« (Kastanien) die Grundversorgung beim Weinverkosten sicher.

INFO

EINKEHRTIPPS

Das Atelier Moessmer in Bruneck ist der neue, große Wurf von Drei-Sterne-Koch Norbert Niederkofler, der durch das St. Hubertus im Hotel Rosa Alpina in St. Kassian bekannt geworden ist. Da das Rosa Alpina gerade ganz neu errichtet wird, hat sich der wohl beste Küchenchef Südtirols zwischenzeitlich eine neue Location gesucht – und schon wieder drei Michelin-Sterne verliehen bekommen.
ateliernorbertniederkofler.com/de

Gerhard Wieser ist schon seit Langem einer der renommiertesten Köche Südtirols und hat zuletzt wieder im Castel fine dining im Hotel Castel im Dorf Tirol zwei Sterne erkocht. Hier gibt es hervorragende Küche, tolle Weine und ein elegantes Ambiente über den Dächern Merans.
hotel-castel.com

»The Magic Place« nennt sich das Zwei-Sterne-Restaurant mitten im wildromantischen Sarntal. Und das völlig zu Recht, wie sehr eigenständige, innovative Menüs mit Gängen wie »Transparentes Blumenkohl-Fichten-Kissen« beweisen. Auch ein schönes Hotel.
terra.place

29

ST. LEONHARD IN PASSEIER

ST. LEONHARD UND DER FREIHEITSKÄMPFER

Der Hauptort des Passeiertals ist eines der ursprünglichsten und schönsten Täler Südtirols. Als Geburtsort von Andreas Hofer ist er zudem unverrückbar mit dem Freiheitskämpfer verbunden. An Orten wie dem Andreas-Hofer-Museum oder der Pfandler Alm folgt man den Spuren der Tiroler Geschichte – und das in einer einzigartigen Berglandschaft.

Von Meran ist es eigentlich nur ein Katzensprung, und schon befindet man sich in einer anderen Welt. Kommt die Kurstadt eher elegant und distinguiert daher, gibt sich das Passeiertal wildromantisch und naturbelassen. St. Leonhard in Passeier (693 Meter) mit seinen Ortschaften und verstreuten Weilern ist der Hauptort des Tals, was schon daran zu erkennen ist, dass er sich Marktgemeinde nennt. Nach St. Leonhard strömten also schon immer alle Talbewohner, die handeln, kaufen und verkaufen wollten. Zumal der hübsche Ort an der Abzweigung zum Timmelsjoch, der verbindenden Passstraße nach Österreich, sowie an der Zufahrt zum Jaufenpass liegt.

Andreas Hofer im Museum

Almen, Wiesen, Wälder und hohe Berggipfel prägen das Landschaftsbild rund um St. Leonhard in Passeier, das mitten im Naturpark Texelgruppe, dem größten Naturpark Südtirols, liegt. Vieles dreht sich in dem Ort um den Freiheitskämpfer Andreas Hofer, der Nationalheld Südtirols. Sein Geburtshaus, der Sandhof, ist wohl das wichtigste Gebäude im Tal und beherbergt heute das Museum Passeier, das sich mit drei Themenbereichen sowohl dem Freiheitskämpfer als auch der Geschichte und Kultur des Tals widmet. Für Letztere steht im Außenbereich ein typischer Passeier Haufenhof. Doch damals wie heute befindet sich im Sandhof auch noch das Gasthaus Sandwirt.

Eine Außenstelle des Museums gibt es auf der Jaufenburg. Die einst prächtige Burganlage oberhalb des Dorfes und ist in rund 20 Minuten über den Gerichtsweg oder den Sonnenrundgang zu erreichen. Der Andreas-Hofer-Rundweg führt zu den wichtigsten Häusern und Orten, die mit dem bekannten Freiheitskämpfer in Verbindung gebracht werden.

Die Pfandleralm, auf der Hofer von den französischen Besatzern festgenommen wurde, ist mit dem Museum Passeier verbunden, wurde nach einem Brand originalgetreu als Gedenkstätte wiederaufgebaut und befindet sich heute bei der Pfandler Almhütte, einer netten Einkehrstation. Nur einige Kilometer entfernt gelangt man oberhalb von St. Leonhard zur Pfistradalm. Sie ist ein Zusammenschluss von kleinen Gebäuden, zu denen auch die Kirche St. Anna in Pfistrad zählt. Ein gotisches Blockhaus gehört zu den ältesten Holzbauten Südtirols und ist seit 1982 denkmalgeschützt. Die Pfistradalm beherbergt ein kleines Almmuseum mit alten Werkzeugen und Schautafeln, die von der wechselhaften Geschichte der Alm und des Passeiertals erzählen.

← Das Museum St. Leonhard in Passeier ist dem Freiheitskämpfer Andreas Hofer gewidmet.
↓ Auf der Pfandleralm wurde Andreas Hofer von französischen Soldaten festgenommen.

INFO

WANDERTIPP
Eine sehr interessante, aber etwas anstrengendere Wanderung geht über den Passeirer Schluchtenweg von St. Leonhard nach Moos in Passeier. Der 2015 eröffnete Weg folgt mit aufwendig konstruierten Metallbrücken und Treppen dem Lauf der Passer durch die beeindruckende Schlucht (Dauer etwa vier Stunden). Zurück geht es von Moos mit dem Linienbus.

IM GEBURTSHAUS VON ANDREAS HOFER
Der Sandwirt, Geburtshaus von Andreas Hofer, ist nach wie vor bei Einheimischen und Besuchern ein beliebter, unter Denkmalschutz stehender Gasthof seit nunmehr über 400 Jahren. Die Besitzer heißen zwar nicht mehr Hofer, sondern Pichler, aber nach wie vor wird eine besondere Südtiroler Gastlichkeit gepflegt mit gemütlicher Atmosphäre, authentischer Tiroler Küche und guten Weinen.
sandwirt.com

30

TAPPEINERWEG UND GILFPROMENADE

SPAZIERWEGE DE LUXE

Meran ist eng mit der Entwicklung des Tourismus verbunden, nicht nur wegen der österreichischen Kaiserin Sisi, die in der Kurstadt gerne die Sommerfrische genossen hat. In der Frühzeit des Tourismus entstand auch der wohl schönste Spazierweg Merans. Eigentlich sogar zwei. Denn aus der Stadt heraus geht es über die Gilfpromenade zum Tappeinerweg und damit hoch über die Stadt.

Meran von oben, von seinen schönsten Seiten – so könnte das Motto für die geruhsame Wanderung aus dem Zentrum Merans über die Gilfpromenade und den Tappeinerweg hoch hinauf an die Hänge des Kuchelbergs wohl lauten. Von der Innenstadt gibt es mehrere Zugänge zum Höhenweg; der über die nur einen Kilometer kurze Gilfpromenade ist wohl der eindrucksvollste und spannendste, obwohl es nur 20 Fußminuten sind.

Der Meraner Arzt Hans Prünster initiierte den Bau der Gilfpromenade, die ihren Namen von der Gilfklamm, der Schlucht des Flusses Passer zwischen dem Zenoberg und dem Meraner Ortsteil Obermais, erhalten hat. Zum Bau waren zahlreiche Sprengungen nötig, und hohe Mauern mussten am Hang errichtet werden. Die Promenade windet sich bis unterhalb der Zenoburg hinauf und dann weiter bis zum Pulverturm. Der Felsen, auf dem die Zenoburg thront (auch »Zenoberg« genannt), liegt an einem strategisch bedeutsamen Punkt bereits im Gemeindegebiet von Dorf Tirol. Schon die Römer errichteten hier das Castrum Majense, einen Stützpunkt zur Kontrolle der Handelswege. Im Mittelalter wurde hier St. Zeno zu Ehren eine Kapelle, die lange ein Wallfahrts- und Pilgerort war, gebaut.

Fantastisches Panorama

Auf dem Weg zum Pulverturm ergeben sich grandiose Aussichten auf die Kurstadt, auf Obermais, das Burggrafenamt und die wilden Wasser der Passer. Durch die sonnenverwöhnte Lage am felsigen Hang des Zenobergs konnte sich hier, am Fuße der Texelgruppe, eine einzigartige subtropische Vegetation entwickeln. Vom Pulverturm aus kann man auf dem Tappeinerweg bis nach Gratsch weiterwandern – von hier aus hat der Weg noch eine Länge von vier Kilometern, von Meran Zentrum sind es insgesamt sechs Kilometer.

Der Tappeinerweg zählt zu den schönsten Höhenpromenaden Europas mit einem Mix aus alpiner und mediterraner Vegetation sowie einem unglaublichen Panoramablick. Man mag es kaum glauben, aber längs des Weges wachsen Pinien, Himalaja-Zedern, Korkeichen, Ölbäume, Eukalyptus, Bambusarten, Magnolien, Agaven, Aloen und Feigenkakteen. Zu verdanken hat Meran diesen besonderen Spazierweg, der kaum Steigungen aufweist und daher sehr familienfreundlich ist, dem Botaniker, Arzt, Anthropologen und Tourismuspionier Dr. Franz Tappeiner aus Laas im Vinschgau, der die Promenade gestiftet hat und nach dem sie benannt ist.

INFO

GÄRTEN UND MUSEUM
Schloss Trauttmansdorff bei Meran im Ortsteil Obermais lohnt gleich in doppelter Hinsicht einen Besuch: wegen der einzigartigen Gärten, die das Schloss umgeben (80 unterschiedliche Gartenlandschaften), und wegen des Touriseums im Repräsentationsbau, das sehenswerte Tourismusmuseum, das von 250 Jahren Tourismusgeschichte erzählt.
trauttmansdorff.it

FÜR PFERDELIEBHABER
Der »Pferdeplatz« Meran bietet erstklassigen Galopprennsport und wird auch »Der Tempel des Hindernissports in Italien« genannt, denn »Der Große Preis von Meran« im Herbst ist ein Hindernisrennen von überregionaler Bedeutung. Rennen finden vom Frühjahr bis zum Herbst statt, aber die Rennbahn ist auch außerhalb der Saison während des Trainingsbetriebs für Besucher geöffnet.
ippodromomerano.it

← Herrliche Aussichten – auf den Wegen und Promenaden rund um Meran lässt es sich wunderbar spazieren gehen.
↑ Immer wieder erschließen sich wundervolle Ausblicke auf die charmante Kurstadt.

31

MOOS IN PASSEIER

URIGES DORF MIT TRADITION

Moos in Passeier gehört zu Recht zum Netzwerk »Perlen der Alpen«, kann man hier die Zeit doch naturnah und entspannt genießen. Zum Beispiel bei der Alpenrosenblüte im Sommer. Dabei geht es in Moos durchaus wild und hochalpin zu – das Gemeindegebiet reicht bis auf den 3480 Meter hohen Gipfel der »Hohen Wilden«.

Moos in Passeier ist die flächenmäßig größte Gemeinde im Passeiertal. Dabei gehören weite Teile der Gemeindefläche zum hochalpinen Naturpark Texelgruppe. Das Zentrum von Moos in Passeier liegt auf rund 1000 Meter Höhe an der Straße zum serpentinenreichen Timmelsjoch, das das Passeiertal mit dem Ötztal verbindet. Mitten im Dorf ragt der 52 Meter hohe Kirchturm der Pfarrkirche Maria Himmelfahrt in den Himmel, der mit seiner spitzen Form sofort ins Auge fällt.

Besuchenswert ist das wohl einzigartige Bunker Mooseum, das Museum im Bunker, in dem man sich auf die Spuren von Natur und Geschichte im Hinterpasseier begibt. Der mächtige Bunker ist eigentlich ein Rohbau aus den 1940er-Jahren, da die Arbeiten bereits vor der Fertigstellung eingestellt wurden. Er war einer der insgesamt sechs Schutz- und Verteidigungsbunker, die in der Zeit des Faschismus im hinteren Passeiertal gebaut wurden. Im zweistöckigen Bunker wird eine Dauerausstellung gezeigt, die als Zeitreise, beginnend bei der letzten Eiszeit, durch die Entwicklungsgeschichte des Hinterpasseiers führt.

Wilde Wasser und ein Eisturm

Ein Erlebnis ist die Wanderung durch die wilde Passerschlucht von Moos nach St. Leonhard in Passeier. Sie folgt dem oberen Lauf der Passer, wo sich der Fluss tief in den Fels eingegraben hat und tosend mit Strudeln, Gischtfontänen und Kaskaden seine ganze Kraft zeigt. Erst 2015 wurde nach drei Jahren Bauzeit der beeindruckende, 6,5 Kilometer lange Passeirer Schluchtenweg mit seinen Metallbrücken und Stegen eröffnet. Eine leichte Wanderung führt über einen gut ausgebauten Weg zu den Eismühlen beim Dorf Platt. Die spiralförmigen Vertiefungen im Fels sind Überbleibsel der letzten Eiszeit. Die Eismühlen kann man mit einem Besuch des Stieber Wasserfalls kombinieren, denn der liegt nah zwischen Moos und Platt. Lohnenswert sind auch die Stuller Wasserfälle unterhalb von Stuls.

Im Winter gibt es neben den Skitouren, Winter- und Schneeschuhwanderungen im Rabensteinertal eine Besonderheit, die auch in den Alpen nicht häufig zu finden ist. Dort steht jeden Winter der Eisturm von Rabenstein, der zu den größten künstlichen Eiskletteranlagen Europas zählt. Und: Von Moos aus erreicht man über das Dorf Platt das auf 1370 Meter Höhe gelegene Ulfas – mit nur 40 Einwohnern der kleinste Weiler der Gemeinde Moos. Hier sind Natur, Ruhe und Entspannung zu Hause.

← Eine der schönsten Wanderungen im Tal führt über den Schluchtenweg entlang der Passer.
↓ Moos in Passeier mit der schlanken Dorfkirche ist ein Südtiroler Bilderbuchdorf.

INFO

EINKEHR-EVENT
In der letzten Septemberwoche und in der ersten Woche im Oktober bieten Wirte im Hinterpasseier bei der »Bauernkuchl im Hinterpasseier« besondere Spezialitäten an. Typisch bäuerliche Gerichte aus der Region laden zu kulinarischen Streifzügen durch gemütliche Gasthäuser und ihre traditionelle Küche ein.

SKI UND SNOWBOARD
Hektik kennt man nicht in dem kleinen, schneesicheren Skigebiet von Pfelders, das bis auf eine Höhe von 2500 Metern reicht. Auf 18 Kilometern bestens präparierter Pisten schwingt man zu Tale und genießt dabei das herrliche Panorama des Passeiertals.
pfelders.info

32

SPRONSER SEEN

DIE GRÖSSTE SEENPLATTE SÜDTIROLS

Inmitten der Berge der Texelgruppe liegen, umgeben von einer herrlich unberührten Berglandschaft, die zehn Spronser Seen und bilden die größte hochalpine Seenplatte Südtirols. Eine Wanderung durch den Naturpark Texelgruppe zu den wunderschönen Bergseen, etwa von Dorf Tirol aus, ist ein unvergleichliches Erlebnis.

Bergseen? Das ist wirklich untertrieben. Hochalpine Bergseen ist das Mindeste, als das man die zehn Spronser Seen nordwestlich von Dorf Tirol und oberhalb von Algund bezeichnen muss. Selbst im Frühsommer liegt an ihren Ufern häufig noch Schnee, denn die Spronser Seenplatte, die höchstgelegene in ganz Europa, befindet sich mitten in der Texelgruppe auf einer Höhe zwischen 2117 Metern (Kasersee) und 2589 Metern (Schwarzsee). Der Langsee (2377 Meter) ist mit einem Kilometer Länge und 330 Meter Breite einer der größten. Die Seen liegen in Vertiefungen mit eiszeitlichem Ursprung und zählen zu den schönsten im gesamten Alpenraum, versorgen aber auch die Umgebung und die Kurstadt Meran mit Wasser. Zudem gilt die Seenplatte als das spektakulärste und noch unerschlossenste Wandergebiet im Meraner Land.

Traumhaftes Farbenspiel

Der klassische und leichteste Weg in dieses wildromantische Bilderbuchidyll führt von Dorf Tirol über die Muthöfe (1200 Meter), die bequem mit der Seilbahn zu erreichen sind. Von dort wandert man am Mutkopf (1700 Meter) vorbei Richtung Mutspitze, bis auf einer Höhe von 1850 Metern der Jägersteig ins Spronsertal abzweigt. Etwa drei Kilometer geht es rund 300 Höhenmeter bergauf, bis man die Oberkaser Alm mit ihren zwei Seen erreicht. Von den Muthöfen bis zu der bewirtschafteten Alm läuft man circa zweieinhalb Stunden. Konditionsstarke Wanderer können von hier aus über einen steilen Anstieg weitere Seen wie den fast kreisrunden Grünsee, den Langsee und die zwei Milchseen in über 2500 Meter Meereshöhe erreichen, die je nach Licht in verschiedenen Farben schimmern. Im Übrigen kann man hier auch leicht in den Meraner Höhenweg (s. S. 109 ff.) einsteigen.

Die Flora und Fauna in diesen Höhen – neben den Seen prägen auch Hochmoore die Landschaft – sind einzigartig. In den Gewässern leben, man mag es kaum glauben, sogar Fische wie der Saibling. Und wenn man etwas Glück hat, sieht man in der Umgebung Gämsen und Murmeltiere. Eine Besonderheit anderer Art sind die Felszeichnungen in der Nähe der Almhütte Oberkaser, die den Lauf der Gestirne abbilden. Außerdem sind prähistorische Schalensteine zu sehen. Wer berg- und kletterfest ist, hat den schönsten Ausblick auf die in unterschiedlichen Grün-, Türkis- und Blautönen leuchtenden Spronser Seen vom Gipfel der Spronser Rötelspitze.

INFO

EINKEHR INMITTEN DER SEENPLATTE
Die Oberkaser Alm liegt traumhaft eingebettet inmitten der Spronser Seenplatte und ist ein ideales Ziel für Berg- und Hüttenwanderungen. Dank der durchgehend warmen Küche mit herzhaften Gerichten und köstlichem Kaiserschmarrn zählt sie zu den beliebtesten Einkehrstationen in der Texelgruppe. In Mehrbettzimmern und Matratzenlagern kann auch übernachtet werden.
oberkaseralm.it

EIN DORF ZUR SOMMERFRISCHE
Dorf Tirol, von wo die Gondelbahn auf den Berg startet, ist ein schmuckes Südtiroler Dorf, zu dem der Ausdruck »Sommerfrische« bestens passt. Die Hauptsehenswürdigkeit ist Schloss Tirol, das dem ganzen Land seinen Namen gab. Bereits Mitte des 12. Jahrhunderts wurde die Stammburg der Grafen von Tirol erbaut. Auch heute noch ist es das bedeutendste Schloss Tirols und kann besichtigt werden.
dorftirol.com

← Die hochalpin gelegenen Spronser Seen im Naturpark Texelgruppe sind ein erstklassiges Wandergebiet, das Berggenuss pur verspricht.
↑ Die Oberkaser Alm liegt idyllisch in der Nähe des Pfitscher- und des Kasersees.

Das gut erhaltene Schloss Tirol ist nicht nur im Herbst eines der schönsten Südtiroler Schlösser – im Hintergrund die Sarntaler Alpen.

33

GAULSCHLUCHT LANA

SCHROFFE SCHÖNHEIT

Bizarre Felsen, die rauschende Falschauer, dunkle Tunnel, schwankende Hängebrücken – eine einzigartige Vegetation und ihre malerische Lage am Fuß von Schloss Braunsberg verleihen der Gaulschlucht ihren besonderen Charme.

Es sind nur wenige Gehminuten vom Zentrum Lanas bis zur Gaulschlucht, einer echten Naturschönheit, und schon eröffnet sich eine völlig andere Welt: eine wildromantische Schlucht auf einem Felsvorsprung, überragt von Schloss Braunsberg. Zu beiden Seiten ragen schroffe, senkrechte Felswände empor, durch das steinige Bachbett strömt die Falschauer, und selbst im Hochsommer herrschen in der schattigen Schlucht angenehm frische Temperaturen. Die hohe Feuchtigkeit lässt zudem eine üppige Vegetation gedeihen. Apropos Felswände: Hier treffen drei völlig unterschiedliche Gesteinsarten aufeinander. Zwischen dem Quarzporphyr und dem Urgestein der Alten Gneise ist auch ein schmaler Streifen Granit eingelagert.

Natur und Kunst

Von der Falschauerbrücke in Oberlana wandert man am Bach entlang in die Schlucht hinein. Der Weg, die Gaulpromenade, ist gut ausgebaut und führt teilweise über hölzerne Hängebrücken. Zunächst geht es zur Gaulwiese unterhalb des Burghügels von Schloss Braunsberg. Die Lichtung dient im Sommer als Kulisse für die Freilichtspiele Lana und verschiedene Feste, im Winter ist hier hingegen ein Eislaufplatz eingerichtet. Man geht entweder am Kraftwerk vorbei weiter hinein in die zunehmend enger werdende Schlucht bis zu einem tosenden Wasserfall (ca. 20 Minuten). Oder man nutzt einen alternativen Weg steil aufwärts bis in die Nähe von Schloss Braunsberg und auf die Ultner Straße. Vom Schloss hat man einen wunderbaren Blick auf die Schlucht und bis hinüber zu den Häusern von Lana. Der Weg durch die Gaulschlucht ist übrigens Teil des »Südtiroler Skulpturenwanderwegs«, sodass in der Schlucht auch einige Skulpturen internationaler Künstler zu sehen sind.

Flanieren in Lana

Schloss Braunsberg ist das Wahrzeichen von Lana und thront, von Zypressen umgeben, am Rande der steil abfallenden Schlucht. Die Anlage stammt aus dem 13. Jahrhundert und wurde immer wieder umgebaut. Heute ist sie im Besitz der Grafen Strachwitz und kann leider nicht besichtigt werden. Von der Burg geht es zurück nach Lana, auch »Apfeldorf« oder »Tor zum Süden« genannt, oder besser gesagt nach Oberlana. Die Fußgängerzone Am Gries ist eine lebendige Shoppingmeile mit Restaurants, Cafés, Weinkellereien, Enotheken und Feinkostläden, die zum Flanieren und Genießen einladen. Sehenswert ist auch das Kapuzinerkloster samt Kirche auf dem Weg nach Mitterlana.

← Die wilde Gaulschlucht bei Lana ist ein Topziel für eine erlebnisreiche Wanderung.
↓ Das Gebiet rund um Lana ist vor allem für seine Obstplantagen bekannt – wunderschön ist die Zeit der Apfelblüte.

INFO

WEINVERKOSTUNG
Eine besonders große Auswahl offener Weine zeichnet das Gourmet Ladele, Vinothek und Bistro, in Lana aus. Bis zu 40 Offene können an der langen Kirschholztheke oder auf der Terrasse in lockerer Atmosphäre verkostet werden – darunter natürlich viele aus Südtirol. Und selbstverständlich gibt es zum Wein auch etwas zu essen.
gourmetladele.com

AUSFLUG
Wen es in höhere Gefilde zieht, der nimmt in Lana die erst kürzlich modernisierte Seilbahn. In wenigen Minuten geht es bequem auf das knapp 1500 Meter hohe, autofreie Vigiljoch – in den letzten Jahrzehnten hat sich hier oben erstaunlich wenig geändert. An der Bergstation erwarten eine weitestgehend naturbelassene, wunderschöne Landschaft und fast grenzenlose Wandermöglichkeiten die Ausflügler.
vigiljoch.com
golfclublana.it

34

ULTENTAL

NATURBELASSENES GEBIRGSTAL MIT WÄLDERN, ALMEN UND SEEN

Parallel zum Vinschgau erstreckt sich das wenig bekannte Ultental. In dem waldreichen Tal mit seinen idyllischen Dörfern, Almen und sechs Seen bleibt der touristische Rummel außen vor. Stattdessen erleben Besucher auf Wanderungen die einmalige Natur und erfahren Ruhe und Entschleunigung.

Ein langes Tal, ein grünes Tal, ein erholsames Tal, ein Wandertal – das Ultental hat viele Attribute, nur dass es ein touristisch überlaufenes Tal wäre, kann man ihm wahrlich nicht anhängen. Vom Talgrund bei Lana im Meraner Land erstreckt es sich 40 Kilometer lang parallel zum Vinschgau und wird dabei umrahmt von mächtigen Bergmassiven. Mit vielen Kurven führt die Straße den Berg hinauf und hinein ins Ultental nach St. Pankraz, dem ersten Ort. Links und rechts der Straße liegen typische Bauernhöfe an den bewaldeten Hängen. Vor dem Ort thront Burg Eschenlohe auf einem Felsen und erzählt von längst vergangenen Zeiten – schon vor 800 Jahren wurde es als Schloss Ulten erwähnt. Das Gemeindegebiet des schmucken Dorfes reicht bis zum Pankrazer See, einem der sechs Stauseen des Ultentals. Zu St. Pankraz gehört auch der kleine Weiler Mitterbad, einige alte Häuser inmitten von Wiesen. Kaum zu glauben, aber früher war Marienbad eines der meistbesuchten Bäder im deutschsprachigen Raum. Bekannte Persönlichkeiten wie der Schriftsteller Thomas Mann und der europäische Hochadel reisten zum Kuren ins Ultental. Von hier aus kann man auch wunderschöne Wanderungen wie etwa auf dem »Ultner Talweg« durchführen.

Den Großteil des Ultentals nimmt die Gemeinde Ulten ein, zu der auch die Dörfer Kuppelwies und St. Gertraud gehören. Die Gemeinde erstreckt sich vom Kirchdorf St. Walburg bis zum Weißbrunnsee am Talschluss. Den besten und intensivsten Eindruck erhalten Besucher, wenn sie sich das Bergtal erwandern. Eine der schönsten Möglichkeiten, dies zu tun, ist es, den »Ultner Höfeweg« unter die Füße zu nehmen. Seinen Namen trägt er natürlich, weil der Weg an zahlreichen urigen Bauernhöfen mit den charakteristischen Schindeldächern, die das Tal besonders prägen, vorbeiführt.

Auch etappenweise möglich

Der gut markierte »Höfeweg« beginnt in Kuppelwies und führt als Rundweg auf der Sonnenseite taleinwärts bis nach St. Gertraud – talauswärts verläuft er auf der Schattenseite. Insgesamt misst er etwa 18 Kilometer und kann als Tagestour oder in Teiletappen durchwandert werden. Dabei geht es in ständigem Auf und Ab über Wiesen und durch Wälder vorbei an malerischen Paarhöfen. Auf der Schattenseite kommt man auf dem Weg zwischen St. Gertraud und St. Nikolaus an den bekannten Ultner Lärchen vorbei.

→ **Die alten Steinhäuser sind charakteristisch für das Ultental, ein ruhiges Tal in Südtirol.**

← Der Zoggler-Stausee ist der größte der sechs malerischen Seen des Tals.
↘ Wahrlich beeindruckend: Die drei Lärchen bei St. Gertrauden im oberen Ultental gelten als älteste Nadelbäume Europas. Sie sind über 2000 Jahre alt.

Von St. Gertraud führt eine circa sechs Kilometer lange Straße in das Flatschbergtal bis zum Talschluss und zum Weißbrunnsee, der bereits im Nationalpark Stilfser Joch liegt. Der Zufluss des 1900 Meter hoch gelegenen Stausees ist die Falschauer, die das gesamte Tal durchfließt, um bei Lana in die Etsch zu münden.

Vom See aus sind die Fiechter Alm und der Fischersee in anderthalb Stunden erreichbar, eine gemütliche Familienwanderung. Auch die Bergtour auf den 2470 Meter hohen Nagelstein beginnt am Weißbrunnsee – wie noch viele andere schöne Routen auch, etwa zu den Bergseen Seefeldsee und zum Kofelraster See. Die ersten Almhütten stehen gleich oberhalb des Seeufers. Umgeben ist der See von den Dreitausendern der Ultner Berge, einem Ausläufer der Ortlergruppe. Mountainbiker, Wanderer und im Winter Skitourengeher haben hier ihr Revier.

Der Zoggler-Stausee

Der größte der sechs Ultner Stauseen, der rund drei Kilometer lange Zoggler-Stausee, erstreckt sich von einem begehbaren Damm bei St. Walburg bis zum Paragleiterlandeplatz bei Kuppelwies. Diese Wiese wird jedes Jahr im Herbst zum Schauplatz des »Kuppelwieser Marktes« und des traditionellen »Schafmarktes« nach dem Almabtrieb, bei dem außerdem die »Ultner Lammwochen« offiziell eröffnet werden. Im Sommer ist der Stausee außerdem ein beliebter Badesee.

Vom Damm kann man auf einem Forstweg in einer Stunde nach Kuppelwies wandern. Interessant ist hier auch der Kneippoasenweg, ein Parcours mit Teich, Tretbecken und Ruheoasen. Insgesamt gibt es fünf Stationen, basierend auf den fünf Säulen von Sebastian Kneipp. Oberhalb des Ortes liegt die Schwemmalm, ein kleines, feines, familienfreundliches Skigebiet mit 25 Kilometer Piste.

Deutschnonsberg – eine Südtiroler Enklave

Über eine gut ausgebaute Bergstraße mit zahlreichen Tunneln ist das Ultental mit dem angrenzenden Deutschnonsberg verbunden, eine malerische, naturbelassene Landschaft im Oberen Nonstal an der Grenze zum Trentino. Inmitten von Wiesen und Wäldern liegen die beiden deutschsprachigen Dörfer Laurein und Proveis. Die dritte Deutsch sprechende Gemeinde in Deutschnonsberg – Unsere Liebe Frau im Walde – befindet sich bereits auf der Trentiner Seite.

Das sonnige Laurein, früher ein Bergbauort, ist das südlichste Dorf des Deutschnonsbergs. Hier herrschen Ruhe und Idylle pur. Jahrhundertealte Bergbauernhöfe umgeben das Dorfzentrum mit der spätgotischen Pfarrkirche und dem alten Rathaus. Vom Dorf aus bietet sich ein schöner Panoramablick bis zu den Gletschern der Adamello-Presanella-Alpen bei Madonna di Campiglio. Gut ausgebaute Wanderwege führen zu zahlreichen bewirtschafteten Almen in der Umgebung. Auch das charmante, abgeschiedene Proveis, der höchstgelegene Ort, kann mit lauschigen Almen abseits des Massentourismus sowie einem hübschen Dorfkern aufwarten. Im Winter ist Proveis der perfekte Ausgangspunkt für Skitouren und Schneeschuhwanderungen – Schnee gibt es hier reichlich.

INFO

KRAPFENGENUSS

Eine besondere Spezialität sind die mit Mohn gefüllten bekannten »Ultner Krapfen«, die in heißem Öl goldgelb ausgebacken und zu Anlässen wie dem traditionellen »Krapfenbetteln« oder bei den großen Jahresevents wie dem »Südtiroler Krapfenfest« Anfang September in Kuppelwies oder beim großen »Kuppelwieser Markt« serviert werden.

NUR IM SOMMER

Eine schöne Wanderung führt von Laurein in nur 40 Minuten zur knapp 1800 Meter hoch gelegenen Laureiner Alm, die nur im Sommer von Juni bis Oktober bewirtschaftet ist. Dann aber lohnen die schöne Terrasse, die bodenständigen Gerichte und der hausgemachte Kuchen eine Einkehr.

AKTIVITÄTEN

Die neue Kletterhalle Sticklä in St. Pankraz ist eine gute Alternative an Schlechtwettertagen. Der 14 Meter hohe Kletterturm mit mehr als 50 Routen und die Boulderanlage versprechen jede Menge Kletterspaß für Anfänger und Könner. sticklä.com

Gut ausgeschildert sind die Wanderwege im Ultental allemal.

Eine schöne Wanderung führt zur Hintergrathütte. Dabei ergeben sich auch immer wieder wunderbare Ausblicke auf die Ortlergruppe.

VINSCHGAU

Der Vinschgau vereint bunt blühende Tallandschaften mit hochalpinen Bergregionen rund um den Höchsten: »König« Ortler.

35

WAALWEGE

ENTLANG HISTORISCHER KANÄLE

Bereits im 13. Jahrhundert wurde in der regenarmen Region begonnen, Bewässerungskanäle, sogenannte Waale, anzulegen. Einige führen heute noch Wasser. Vor allem sind aber die Wege entlang der Waale heute beliebte Wanderstrecken und Ausflugsziele.

Im sonnenverwöhnten Südtirol – und da vor allem im Vinschgau und im Meraner Land – haben die Bauern von jeher mit Trockenheit zu kämpfen. Aufgrund der besonderen geografischen Lage inmitten der Alpen beträgt die durchschnittliche jährliche Niederschlagsmenge in der Region lediglich 500 Millimeter. Auf der anderen Seite sind jedoch die Bedingungen für den Obstanbau hier besonders günstig. Man musste nur das wenige wertvolle Nass richtig verteilen. Zu diesem Zweck wurden die Waale entwickelt. Dabei wurde das Wasser aus höher gelegenen Tälern teilweise über Gräben bis zu 1000 Meter tiefer in den Vinschgau zu den Obstplantagen, Gärten und Feldern transportiert. Ihre Hochzeit hatte diese Art der Bewässerung im 19. Jahrhundert.

Früher Wege zur Wartung – heute zum Wandern

Zur Kontrolle und Reparatur der Waale wurde daneben ein schmaler Pfad angelegt, der sogenannte Waalweg. Für die Wartung der Gräben und die gerechte Verteilung des Wassers waren die Waaler zuständig. Äste, Steine und andere Gegenstände konnten den Lauf des Wassers behindern, und nach Gewittern und starken Regenfällen kam es zu Überschwemmungen. Nach und nach wurden die Waale deshalb durch Rohre und Leitungen ersetzt; im Obervinschgau sind heute noch zwölf Waale in Betrieb. Die Waalwege hingegen sind geblieben und heute beliebte Wanderwege. Besonders zahlreich sind sie an dem nach Soden ausgerichteten Sonnenberg (s. S. 150 ff.) mit seiner versteppten Landschaft – rund 600 Kilometer sollen es sein. Beliebt sind sie nicht nur wegen der naturbelassenen Landschaft, durch die sie führen, und der wunderbaren Ausblicke, die sie bieten, sondern auch, weil sie zumeist allenfalls mäßige Steigungen aufweisen. Dabei wechseln sich breitere Wege und schmalere Pfade – nicht kinderwagentauglich – ab.

Die Länge der Waalwege ist ganz unterschiedlich – die kürzesten messen nur etwa 500 Meter, der längste im Vinschgau, der »Waalweg Tschars«, ist elf Kilometer lang und damit der zweitlängste in Südtirol. Natürlich können auf einer Waalwanderung häufig auch Wege kombiniert werden. An einigen Waalwegen geben zudem Infotafeln Informationen zu dem historischen Bewässerungssystem, aber auch zur Pflanzen- und Tierwelt. Am angenehmsten »waalwandert« es sich im Herbst und Frühjahr – im Sommer kann es schon arg heiß werden, und nicht überall gibt es Schatten.

← Die Waalwege erschließen viele leichte, erlebnisreiche Wanderungen, die nicht zuletzt für Familien sehr gut geeignet sind.
↓ Die Churburg bei Schluderns ist ein Prachtexemplar einer mittelalterlichen Burganlage.

INFO

EINFACHE WANDERUNG NACH MALS

Eine schöne, leichte Familienwanderung führt im Obervinschgau auf dem Oberwaalweg zum hübschen Dorf Mals, das mit seinen romanischen Kirchen und Türmen allemal sehenswert ist. Der Oberwaal wurde bereits im Jahr 1346 urkundlich erwähnt und erst 1980 durch eine Beregnungsanlage abgelöst. Von Mals kann man beispielsweise nach Schluderns weiterwandern.

RITTERLICHE CHURBURG

Auf einem Hügel oberhalb von Schluderns thront die Churburg, eine der besterhaltenen hochmittelalterlichen Burganlagen in Südtirol. Mit über 50 Rüstungen und einer Vielzahl an Waffen aus dem Mittelalter sind die Waffenkammer und die private Rüstungskammer echte Highlights. Jedes Jahr im Hochsommer finden am Fuße der Churburg die Südtiroler Ritterspiele mit Märkten und Ritterkämpfen statt.
churburg.com

36

ORTLER

DER BERGKÖNIG SÜDTIROLS

Mit knapp 4000 Metern ist der Ortler der höchste Berg Südtirols. Seine imposante Erscheinung zieht seit jeher Kletterer und Bergsteiger in den Bann. Ebenso wie der Ort Sulden am Fuße des Ortlers, wo sich Bergsteigerlegende Reinhold Messner mit einem »Eismuseum« verewigt hat.

Seine Höhe ist das eine, seine mächtige Erscheinung das andere. Beides zusammen macht Südtirols höchsten Berg zu »König Ortler«. 3905 Meter streckt er sich in den Ostalpen in die Höhe, überragt dabei alle anderen Gipfel und ist schon von weither zu erblicken. Schön ist er anzusehen, und das gesamte Jahr strahlt sein Gipfel ganz in Weiß, ziehen sich Gletscher die Bergflanken hinab. Keine Seilbahn führt hinauf, wer ihn bezwingen will, muss gut zu Fuß sein. Erstmals bestiegen wurde er am 27. September 1804. Die alpinistische Großtat soll auf Anordnung von Erzherzog Johann von Österreich erfolgt sein. Wer sich darüber wundert: Bis zur Abtrennung Südtirols von Österreich im Jahr 1919 war der Ortler der höchste Berg Österreich-Ungarns.

Nicht nur für Gipfelstürmer

Apropos Seilbahn. Viele Bergsteiger schummeln ein wenig und nehmen für die ersten gut 500 Höhenmeter den Sessellift Langenstein und beginnen erst an seiner Bergstation mit dem Aufstieg über den sogenannten »Normalweg«, die einfachste Route. Vor allem beim Abstieg ist die Sesselliftfahrt die reinste Erholung. Natürlich gibt es etliche Möglichkeiten, um auf den Gipfel zu kommen. Auch Reinhold Messner war schon oben und hat einige Aufstiegsvarianten beigesteuert.

Aber es geht nicht nur auf die Bergspitze – das ist etwas für Gipfelstürmer –, sondern auch um »König Ortler« herum – das ist etwas für die Bergwanderer. »Ortler Höhenweg« heißt die interessante und überaus beeindruckende Tour, die in sieben Tagen einmal ganz um die Ortlergruppe herum und dabei auch durch den Nationalpark Stilfser Joch (s. S. 147 ff.) führt. Der Höhenweg ist insgesamt knapp 120 Kilometer lang, und die einzelnen Etappen, die man auch gut als einzelne Tageswanderungen gehen kann, dauern jeweils etwa sechs bis acht Stunden. Der hochalpine Weg, der teilweise auf einer Höhe von über 3000 Metern verläuft, zählt allerdings zu den anspruchsvolleren in den Alpen, führt er doch teilweise durch vergletschertes Gelände und über technisch schwierige Steige. Zudem sind bei der Ortlerumrundung insgesamt auch noch 8126 Höhenmeter zu überwinden – da sollte es um die eigene Kondition nicht schlecht bestellt sein. Nur gut, dass man immer wieder auf gemütliche Alm- und Schutzhütten trifft, etwa die über 2700 Meter hoch gelegene Düsseldorfer Hütte. Auch für Wanderer, die nicht auf dem »Ortler Höhenweg« unterwegs sind, sind die Almen und Hütten immer beliebte Wanderziele.

← Der Bergsteiger Michael Rechberger klettert durch die Ortler-Nordwand, eine lange und anspruchsvolle Eiswand mit hohem Steinschlagrisiko.

Kondition braucht man nicht nur bei der Klettertour rund um den Ortler, sondern auch beim Skifahren in Sulden. Immerhin gehen die Liftanlagen bis in Höhenlagen über 3200 Meter und stoßen dabei in Gletscherregionen vor. Nicht zuletzt benötigen Biker bei den vielen möglichen Touren durch die faszinierende Gebirgslandschaft einen kräftigen Tritt und einen offenen Blick für die Schönheit der Landschaft – trotz der Anstrengung und des Tempos, mit dem man unterwegs ist.

Geruhsamer, aber nicht weniger spannend geht es zu, wenn man sich in Sulden auf die Spuren von Reinhold Messner begibt. Der Bergsteiger, der als erster Mensch alle Achttausender ohne künstlichen Sauerstoff bezwungen hat, brachte schon vor etlichen Jahren Yaks aus dem Himalaja nach Sulden und züchtet sie hier. Wie die Rinder kommen auch die Yaks im Sommer auf die Alm; im Herbst kann man Reinhold Messner dann beim Almabtrieb begleiten. Und anschließend im Yak & Yeti, einem Restaurant in Sulden, wo die ungewöhnlichen Nutztiere auch auf der Speisekarte stehen, neben Gerichten mit Yakfleisch die bodenständige Südtiroler Küche genießen.

Eintauchen in Gletscherwelten

Höhepunkt in Sulden ist jedoch das von Reinhold Messner gegründete Museum MMM Ortles, einer der Standorte des Messner Mountain Museums, direkt neben dem Yak & Yeti. Das Museum widmet sich nur einem einzigen Thema: den Gletscherwelten. Passend dazu ist es unterirdisch unter dem Gletscher »Im End' der Welt« angelegt. Hier erzählt Messner von den Schrecken des Eises, vom dritten Pol, vom »White Out«, von Schneelöwen und Schneemenschen. Der Besucher geht praktisch in den Berg hinein, kann sich ein Bild von Eisgebirgen, Arktis und Antarktis und der Kraft der Lawinen machen. Das Museum beherbergt zudem die weltweit größte Sammlung von Ortler-Bildern sowie Eisgeräte aus zwei Jahrhunderten. Auch Skilauf, Eisklettern, Polfahrten werden hier thematisiert.

Und das ist noch nicht alles. In einer ehemaligen Bergsteigerunterkunft hat Reinhold Messner das MMM Alpine Curiosa, ein Museum mit Kuriositäten der Alpinistik, eingerichtet. Anhand von 13 legendären Bergsteigergeschichten, vom Yogi Milarepa bis hin zu Messner selbst, wird hier eine etwas andere Geschichte der Alpinistik erzählt.

↖ Das Yak & Yeti von Reinhold Messner in Sulden serviert neben Südtiroler Gerichten auch Yakfleisch.
← Die Yaks brachte Messner aus dem Himalaja mit. Im Sommer sind sie auf der Alm.
↗ Vor dem Restaurant breitet sich die großartige Bergwelt der Ortlergruppe aus.

INFO

EINKEHR AUF 2700 METERN

Auf der Düsseldorfer Hütte ist man den Bergen und dem Himmel ganz nah, liegt sie doch auf über 2700 Meter Höhe. Prächtig ist der Ausblick von der sonnigen Terrasse auf Ortler, Zebru und Königsspitze. Von hier aus sind zahlreiche wunderschöne Bergtouren möglich – auch eine Übernachtung in einem der Mehrbettzimmer bietet sich an. Und die typische Südtiroler Küche des Hüttenwirts steht dem einzigartigen Panorama in nichts nach.
duesseldorferhuette.com

KULTUR ERWANDERN

Die Suldner Kultur- und Geschichtspromenade verläuft gleichmäßig und fast ohne Höhenunterschied auf beiden Seiten der Talsohle in Sulden mit den Wegen Nr. 7 auf der linken und Nr. 6 auf der rechten Talseite. Einstiege gibt es an mehreren Stellen. Insgesamt zwölf Kulturstätten spannen einen Bogen von der Pionierzeit bis zu heutigen Tagen. Die Promenade ist fast ganzjährig begehbar.

Die Düsseldorfer Hütte im Zaytal im Nationalpark Stilfser Joch

37

SCHNALSTAL

EIN HIGHLIGHT NACH DEM ANDEREN

Ein Tal mit enormer Anziehungskraft: Das Schnalstal spannt den Bogen von Reinhold Messner über Ötzi, den berühmten Mann aus dem Eis, und einen Gletscher samt Höhle bis hin zu romantischen Tälern, Bilderbuchalmen und hochalpinen Bergseen. Langeweile kann hier nicht aufkommen.

Die erste Attraktion des Tals erwartet den Besucher gleich zu Beginn: Hoch auf einem Felsen wacht Schloss Juval über den Eingang zum Schnalstal. Während der Sommermonate, wenn Reinhold Messner im Lande ist, wohnt er selbst noch auf Juval. Von Ende März bis Anfang November ist das Privatschloss des Bergsteigers ein Standort des Messner Mountain Museums (MMM) zum Thema »Mythos Berg«. Beim Juvalwirt kann man gut einkehren, und die Weine des Schlossweinguts sind durchaus eine Empfehlung wert.

Der Eingangsbereich des Tals – da, wo der Vinschgau so langsam in das Meraner Land übergeht – gehört genau genommen noch nicht zur Gemeinde Schnals. Die beginnt erst danach, taleinwärts bis zum Gletscher hinten, inklusive der das Tal umgebenden Bergwelt. Damit ist Schnals eine der größten Gemeinden Südtirols. Zu ihr zählen auch die Dörfer Karthaus, Kurzras, Katharinaberg und Vernagt mit seinem Stausee sowie der Hauptort Unser Frau. Und auch das ursprüngliche, wild-naturbelassene Pfossertal, das bereits im Naturpark Texelgruppe liegt.

Am Schnalstaler Gletscher

Ganz am Ende des Tals startet die vor Kurzem modernisierte Seilbahn zum Schnalstaler Gletscher in das Skigebiet Ski Arena Schnals. Oben warten 30 Kilometer Abfahrten aller Schwierigkeitsgrade auf Snowboarder und Skifahrer. Und natürlich eine großartige Aussicht. Wer zu Fuß unterwegs ist, kann das grandiose Panorama von oben, vom Iceman Ötzi Peak, der neuen Aussichtsplattform auf 3212 Meter Meereshöhe, bewundern.

Wenn man schon einmal oben ist, sollte man die Gelegenheit nutzen und den Gletscher im Rahmen einer geführten Schneeschuhtour entdecken. In Begleitung eines Bergführers geht es über den Hochjochferner, um den Gletscher in all seiner Schönheit zu erleben. Höhepunkt der Tour sind die Eishöhle sowie eine faszinierende Eiswand am Gletscherende auf etwa 2800 Metern. Über die Schutzhütte Schöne Aussicht gelangt man anschließend bergab zur Teufelsegghütte (die Gehzeit beträgt etwa fünf bis sechs Stunden inklusive Pausen).

»Wild places« vom Feinsten

Doch auch unten im Tal gibt es noch einige Orte, die man sich keinesfalls entgehen lassen sollte. Zum Beispiel das wildromantische Penaudtal, das wohl urigste und malerischste Seitental des Schnalstals, umgeben von den

→ **Ein besonderes Gletschererlebnis ist der Besuch der Eishöhle auf dem Schnalstaler Gletscher.**

← Der archeoParc am Fundort der Eismumie Ötzi ist eine der Topattraktionen in Südtirol.
↙ Der Dorfbrunnen mit den »Silentium Mönchen« in Karthaus
↘ Eine eindrucksvolle Landschaft und viel Ruhe erwarten den Besucher in Katharinaberg.

südlichsten Dreitausendern des Ötztaler Massivs. Hier empfiehlt sich eine Wanderung zur Penaud Alm, der höchstgelegenen Sennalm Südtirols auf 2323 Metern. Und wer noch höher hinaus möchte, steigt bis auf den Vermoi (2923 Meter) oder bezwingt die angrenzenden Dreitausender Zerminger und Wiegenspitze (beide 3109 Meter) – als Belohnung winkt der Ausblick auf die eindrucksvolle Penauder Seenlandschaft.

Weiter geht es mit der Klosteralm und dem Saxalbsee. Eine schöne Wanderung führt zu der Jungviehalm, von wo aus man einen herrlichen Blick auf das gegenüberliegende Pfossental und zahlreiche Dreitausender hat. Und der Saxalbsee ist ein »wild place« par excellence, ein nur zu Fuß zu erreichender kristallklarer Bergsee. Davon gibt es im Schnalstal noch mehrere, und eigentlich lohnen alle den Besuch. Dabei sollte man allerdings halbwegs gut zu Fuß sein, denn der Untere und der Obere Hungerschartensee liegen auf 2713 beziehungsweise 2778 Metern.

Weniger anstrengend ist da schon eine Wanderung auf der Via Monachorum, Weg der Stille, die als Kraftplatz gilt und vom Dorf Unser Frau beziehungsweise von Karthaus nach Katharinaberg führt. Ausgeschildert ist sie mit Zitaten über das Schweigen und großen Mönchsfiguren. Karthaus, das »stille Dorf«, hat seinen Namen vom einstigen historischen Karthäuserkloster, von dem aber nur noch Überreste zu sehen sind.

Kurz hinter Katharinaberg zweigt rechts eine kleine Bergstraße ins heute unbewohnte Pfossental ab und führt bergauf zu den ersten Höfen – einst war der Eishof, heute im Sommer eine Jausenstation, eine der höchstgelegenen Dauersiedlungen der Alpen. Hinter den Höfen geht es nur noch zu Fuß oder mit dem Bike weiter. Hier warten viel unberührte Natur und interessante Touren. Und am Talschluss thront majestätisch die Hohe Wilde mit 3480 Metern über dem Tal. Ein echtes Highlight für Naturgenießer ist hier der »Almenerlebnisweg«.

Ein Leben von 5000 Jahren

Nicht zuletzt lockt im Schnalstal natürlich auch noch Ötzi, der »Mann aus dem Eis«, der 1991 ganz in der Nähe am Tisenjoch, dem Übergang des Schnalstals zum Ötztal, gefunden worden ist und heute im Archäologiemuseum in Bozen ruht. Ihm ist beim Dorf Unser Frau (von Weitem kann man auf einem Felsen bereits die Kirche Unser Frau sehen) das interaktive Ausstellungsgelände archeoParc gewidmet und dessen Besuch ein absolutes Muss. In der Ausstellung und auf einem großen Freigelände kann man tief eintauchen in das Leben der Gletschermumie vor 5000 Jahren und sich sogar selber im Bogenschießen üben. Vom Freigelände ist die Fundstelle gut zu sehen.

INFO

ÜBERNACHTEN IM HEU

Auf der Penaud Alm kann man tatsächlich im duftenden Heulager übernachten – ganz ohne TV, Radio, Handy und WLAN. Oder aber ganz konventionell im Bett beziehungsweise im Matratzenlager. Auch die ausgezeichnete individuelle Almküche mit Produkten von den eigenen Tieren und dem Almgarten sollte man sich nicht entgehen lassen. Wer mag, schaut dem Senner in der Käserei über die Schulter. Die Käse der Penaud Alm sind sogar international preisgekrönt.
penaudalm.com

KLETTERSPASS UND MEHR

Bevor es richtig in den Berg geht, kann ein wenig Training nicht schaden. Der Hochseilgarten Ötzi Rope-Park ist dafür genau das Richtige. Es gibt elf abwechslungsreiche Parcours und etwa 150 Plattformen, von zwei bis 30 Meter Höhe. Weitere Highlights sind eine Riesenschaukel, auch »Giant Swing« genannt, und der neue Zipline-Parcours mit einer Flying Fox von aufregenden 700 Meter Länge.

Eine Fahrt mit der Zipline ist nur eines von unzähligen Freizeitangeboten, die im Schnalstal möglich sind.

38

LANGTAUFERER TAL

GEHEIMTIPP IM OBERVINSCHGAU

Für Ruhesuchende abseits des Massentourismus ist Langtaufers das ideale Ziel. Die Bergwelt der Ötztaler Alpen zeigt sich hier weitgehend rein und naturbelassen – mit idyllischen Weilern, malerischen Almen und faszinierenden Gletschern.

Vom Reschenpass an der österreichischen Grenze erstreckt sich der Vinschgau talwärts bis kurz vor Meran. Und bereits nach wenigen Kilometern zeigt sich mit dem Reschensee die erste Attraktion. Der aus seinen Fluten emporragende Kirchturm ist wohl eines der meistfotografierten Motive in Südtirol überhaupt. Am Reschensee liegt auch der ruhige, beschauliche Ort Graun. Hier zweigt das wildromantische Langtauferer Tal vom Obervinschgau in die Bergwelt der Ötztaler Alpen ab. Bis zum Ende des Tals überwindet die gut ausgebaute Straße 400 Höhenmeter. Größere Ortschaften gibt es in dem von mächtigen, schneebedeckten Gipfeln umschlossenen Tal nicht, in Langtaufers bestimmen vereinzelte Höfe und kleine Weiler die idyllische Szenerie. Charakteristisch für Langtaufers sind auch die zahlreichen Lärchenwälder an den steilen Hängen.

Am Rand des ewigen Eises

Durch das Tal fließt der Karlinbach, der bei Graun in den Reschensee mündet. Der Bach entspringt an der Gletscherzunge des Langtauferer Ferners im Talschluss. Der Gletscher liegt heute noch auf einer Höhe zwischen 3730 und etwa 2500 Metern und ist der größte Gletscher im Südtiroler Teil der Ötztaler Alpen. Am Talende gelangt man zum kleinen Weiler Melag (1910 Meter) und einem großen Wanderparkplatz. Von hier aus starten Bergwanderer und Tourenskigeher zu ihren leichten bis anspruchsvollen Bergtouren. Leicht ist beispielsweise die nur halbstündige Wanderung über gut ausgebaute Forstwege zur bewirtschafteten Melager Alm. Wer Kondition hat, wandert weiter über den Gletscherlehrpfad bis zur Weißkugelhütte (Juli bis September, im Winter auf Anfrage) und an den Rand des ewigen Eises – hier wacht der Weißkugelgletscher über die Almen und das Tal.

Auch eine knapp 15 Kilometer lange, schneesichere Höhenloipe hat in Melag ihren Start- und Zielpunkt. Zudem haben Schneeschuhwanderungen eine große Fangemeinde, und viele Wanderwege sind auch im Winter begehbar. Das alpine Skigebiet in Maseben wurde hingegen stillgelegt – lediglich ein Skilift versieht im Tal noch seinen Dienst. Die bewirtschaftete Almhütte in Maseben (s. Info) besucht man deshalb am besten zu Fuß.

Am Ausgang des Langtauferer Tals kann man sich über eine kuriose Felsformation wundern. Sie liegt dem Endkopf zu Füßen und wird »Krampusloch« genannt. Die Form ähnelt einem Menschen und ist dicht mit Algen- und Flechten bewachsen, dadurch erhält sie eine interessante Farbgebung.

← Idylle pur: eine verschneite Kapelle im Langtauferer Tal in den Ötztaler Alpen
↓ Der aus dem Reschensee emporragende Kirchturm ist wohl eines der meistfotografierten Motive in Südtirol überhaupt.

INFO

DER ROTE HAHN
Urlaub auf dem Bauernhof verspricht die Südtiroler Vereinigung Roter Hahn, zu der auch der über 300 Jahre alte Gamsegghof im Weiler Melag gehört. Neben den vier Ferienwohnungen gibt es einen Hofladen, in dem Milchprodukte von Kuh und Ziege wie etwa Bergkäse aus eigener Produktion verkauft werden.
gamsegghof.it

DREI-LÄNDER-BLICK
Über 2200 Meter hoch liegt die Berghütte Maseben, von der aus man die Sternwarte besuchen kann. Von Maseben öffnet sich ein ganz besonderes Panorama: der Drei-Länder-Blick über Italien, die Schweiz und nach Österreich. Das Essen ist gut, und in Zwei- bis Sechsbettzimmern kann auch übernachtet werden. Attraktion der Hütte ist ein Outdoorbad im heißen Zuber unter dem Sternenhimmel.
maseben.it

39

NATIONALPARK STILFSER JOCH

EIN SCHUTZGEBIET DER SUPERLATIVE

Ihn monumental zu nennen, ist gewiss nicht übertrieben. Dafür sprechen schon die nackten Zahlen des Hochgebirgsparks: Mit 53.447 Hektar ist es eines der größten Naturschutzgebiete Europas, und mit einem maximalen Höhenunterschied von 3255 Metern erstreckt er sich von Südtirol aus auch ins Trentino und in die Lombardei. Um der Größe und Vielfalt gerecht zu werden, gibt es gleich fünf thematische Naturparkhäuser.

Allein schon die Größe beeindruckt. Doch es gibt noch einen Superlativ: 1935 gegründet, ist der Naturpark Stilfser Joch der älteste Nationalpark Südtirols. Ein Großteil seiner Fläche liegt rund um den majestätischen »König Ortler«, dem höchsten Berg Südtirols (s. S. 137 ff.), in Höhenlagen zwischen 2000 und 3000 Metern und sogar darüber hinaus. Kein Wunder also, dass er von eisigen Gipfeln und mächtigen Gletschern mitgeprägt wird. Aber auch dichte Wälder, blühende Almwiesen, karge Felslandschaften, malerische Täler und sprudelnde Wildbäche zeichnen sein Landschaftsbild aus. Und natürlich die schmucken Dörfer Stilfs, Prad, Glurns, Mals, Laas, Schlanders, Taufers im Münstertal, Martell, Latsch und Ulten auf dem Naturparkgebiet.

Am bekanntesten ist neben dem Ortler wohl das namensgebende Stilfser Joch, mit 2757 Metern über Meereshöhe der höchste asphaltierte Gebirgspass Italiens und der zweithöchste der Alpen. Er verbindet Bormio in der Lombardei mit Südtirol. Der Bau der Passstraße mit ihren insgesamt 48 Kehren war von 1820 bis 1825 eine echte Pionierleistung – zu Recht wird sie deshalb »Königin der Alpenstraßen« genannt. Zu jener Zeit gehörte die Lombardei zu Österreich und sollte so schnell wie möglich mit dessen Staatsgebiet verbunden werden. Der Streckenverlauf hat sich im Übrigen bis heute kaum verändert: Von Spondinig im Vinschgautal hinauf zur Passhöhe werden auf einer Distanz von 27,5 Kilometern insgesamt 1870 Höhenmeter überwunden. Nicht nur für die Radprofis des Giro d'Italia eine echte Herausforderung, sondern auch für viele Hobbyrennfahrer. Und natürlich sind auch viele Motorradfahrer unterwegs. Anfangs führt die Straße durch den Wald, etwa bei 2000 Meter Höhe passiert man die Baumgrenze. Von da an geht es durch eine kahle Gebirgslandschaft bis zur Passhöhe. Dort hat man einen wunderbaren Blick auf den Ortler, kann auch im Sommer Ski fahren oder macht eine Pause auf einer der Ausflugsterrassen.

← Die serpentinenreiche Passstraße hinauf zum Stilfser Joch zieht im Sommer viele Rad- und Motorradfahrer an.

Nationalpark-Lebensräume

Die Passhöhe ist sicherlich ein echtes Highlight, und wer den Naturpark in seiner ganzen Vielfalt – von den submediterranen Zonen im Tal bis zu den hochalpinen Regionen – erleben möchte, fährt einmal hinauf. Viele Besucher halten sich aber überwiegend in den unteren Regionen auf, etwa in Prad oder in Trafoi. Prad liegt auf einer Höhe von 900 Metern in einer grünen und waldreichen Landschaft

40

VINSCHGER SONNENBERG

HEISS, KARG, TROCKEN

Eine einzigartige Karst- und Steppenlandschaft mit besonderer Flora und Fauna hat sich am Vinschger Sonnenberg ausgebreitet. Hier findet man viel Ruhe auf schönen Waal- und Wanderwegen abseits des Touristenrummels. Und auch die malerischen Obst- und Weindörfer im Untervinschgau sind mindestens einen Besuch wert.

Der Name täuscht: Der Sonnenberg ist kein Berg im eigentlichen Sinne, besitzt erst recht keinen Gipfel. Vielmehr handelt es sich um die lang gestreckte nordseitige und damit der Sonne ausgesetzte Bergflanke des Etschtals, des Untervinschgaus, die Teil der Ötztaler Alpen ist. Der Sonnenberg – es gibt auch einen kleinen Weiler gleichen Namens oberhalb von Schlanders – erstreckt sich über etwa 50 Kilometer von Mals bis hinunter nach Partschins. An dem Hang, der sich von den Kastanienwäldern und Weingärten im Tal und an den unteren Hängen hoch bis zu den Gipfeln der Dreitausender zieht, herrschen extreme klimatische Bedingungen. Mehr als 500 Millimeter Niederschlag fallen hier im Durchschnitt pro Jahr in der Regel nicht. Die Sonneneinstrahlung ist sehr hoch. Im Sommer kann die Bodentemperatur auf bis zu 70 Grad Celsius ansteigen, im Winter herrscht häufig strenger Frost. Dazu kommt der unangenehme »Oberwind«, der über den Hang pfeift. Der Boden ist deshalb karg und trocken.

Die Folgen sind eine einzigartige Flora und Fauna. Am Vinschger Sonnenberg gedeihen vorwiegend Steppengräser, hinzu kommen verschiedene Kräuter und sogar zentralasiatische Pflanzenarten, die an diese steppenartigen Bedingungen gut angepasst sind. Am Sonnenberg wachsen beispielsweise Steinweichsel und Bergkiefer, Kreuzdorn und Berberitze sowie seltene Pflanzen wie Grüner Milchstern und Sichel-Luzerne. Zu den Vertretern der Fauna zählen etwa Aspisviper, Smaragdeidechse, Zwergohreule und Steinhuhn. In der Vergangenheit war der Sonnenberg grüner und stärker bewachsen, aber die intensive Abweidung durch Schafe und Ziegen sowie die Abholzung der spärlichen Wälder trugen zur Erosion und Auswaschung des Bodens bei.

Typische Vinschger Dörfer und Hochtäler

Am Sonnenberg im Untervinschgau liegen hübsche Vinschger Dörfer wie Mals, Laas, Schlanders, Partschins, Naturns, Latsch oder St. Martin im Kofel – dazu zahlreiche kleine Weiler wie Sonnenberg. Sie sind hervorragende Ausgangspunkte, um die einzigartige Natur am Sonnenberg auf ausgedehnten Wanderungen zu erkunden. Schlanders mit seinem schönen, autofreien Zentrum ist der prächtige Hauptort des Untervinschgaus. Eine Wanderung führt von hier ins Schlandrauntal und hinauf nach Schlandersberg. Der kleine Weiler am Hang über dem Schlandrauntal wurde um Schloss Schlandersberg herum, einen prächtigen Ansitz aus dem 13. Jahrhundert, errichtet. Von hier aus kann man durch das Schlandrauntal und über einen Waalweg am sonnigen Hang entlang nach Schlanders zurück-

→ Wandern am Sonnenberg bedeutet auch immer Wandern mit besonderer Aussicht.

← Von der Hängebrücke bei Naturns genießen Wanderer ein wunderbares Panorama.
↙ Die Kirche St. Martin im Kofel am Sonnenberg ist ein leicht zu erreichendes Ausflugsziel.
↘ Wenn bei Naturns im Frühling die Natur erwacht, ist das ein farbenfrohes Ereignis.

kehren und dabei noch die sehenswerte St.-Ägidius-Kirche mit schönen, alten Fresken besuchen. Mit herrlichem Blick über das Tal geht es dann durch die Kastanienwälder hinunter nach Schlanders.

Alternativ lohnt sich auch eine Wanderung zu den Almen im Schlandrauntal wie die über typische Waalwege zur Schlanderser Alm (Alp Schlandraun) und weiter zur Kortscher Alm. Letztere ist die erste Alm Südtirols, die ausschließlich zertifiziert biologisch bewirtschaftet wird. Im Sommer gibt es auch eine kleine Jausenstation. Das Schlandrauntal zeigt sich hier mit satten Wiesen und Almen als idyllisches, naturbelassenes Hochtal, das sich bis über 2000 Meter Seehöhe erstreckt. Am Talschluss – bis auf wenige Almhütten ist das Gebiet unbewohnt ragt die mächtige Ramudlaspitze (3366 Meter) empor. Von dort locken Bergtouren bis hinüber ins Schnalstal – gerne auch auf Skiern oder mit dem Mountainbike.

Ein besonders hübscher Ort mit fantastischer Aussicht auf den Vinschgau ist St. Martin im Kofel mit der markant am Fels gebauten Kirche zum heiligen Martin. Kein Wunder, liegt das Dorf doch in einer Höhe von 1700 Metern mitten am Sonnenberg. Der Blick schweift über das Vinschgautal von Kastelbell bis nach Schlanders und Laas, von den Sarntaler Alpen über den Nörderberg bis zu den Gletschern der Ortlergruppe.

Hoch geht es ganz gemütlich mit der Seilbahn ab Latsch, aber natürlich kann man auch aus dem Tal hinaufwandern. Wer jedoch bis St. Martin seine Kräfte mit der Gondel spart, ist oben frischer für erlebnisreiche Touren. Nicht besonders anstrengend ist etwa der Rundweg von St. Martin am Berghang entlang zum bewirtschafteten Hofschank Platztair, der für sein gutes Essen und die ausgesprochen freundliche Bedienung bekannt ist. Hin und zurück läuft man gemächlich ungefähr anderthalb Stunden.

Eine der schönsten Burgen Südtirols

Auch eine der schönsten Burgen Südtirols ist an den kargen Hängen des Sonnenbergs, umgeben von Weinbergen und Apfelgärten, zu finden: Burg Hochnaturns in Naturns. Die Anlage hat ihren Ursprung im 12. und 13. Jahrhundert und bestand zunächst nur aus einem romanischen Turm. Im Laufe der Zeit wurde er umgebaut, erweitert, immer wieder wurden Teile hinzugefügt, sodass schließlich eine komplette Burg entstand. Nach Oswald von Naturns, einem Ritter des Deutschen Ordens, wurde der Turm »Oswaldturm« genannt. Seit damals war Burg Hochnaturns Stammsitz der Herren von Naturns. Heute steht sie unter Denkmalschutz und befindet sich in Privatbesitz – eine Besichtigung ist deshalb nur von außen möglich.

INFO

FEINE KÜCHE

Schon seit Ende der 1980er-Jahre ist das Restaurant Kuppelrain in Kastelbell zuverlässig eine der besten Adressen im Vinschgau. Hier paart sich hervorragende Küche mit erstklassigen Weinen, professionellem Service und angenehmem Ambiente. Hier war schon vieles bio, saisonal und regional, als dies sonst kaum ein Thema war. Es gibt auch schöne Zimmer.
kuppelrain.com

VINSCHGER WEINE

Für Weinfreunde ist die kleine Verena's Wein-Boutique im Herzen Naturns ein guter Anlaufpunkt, um sich bestens über Südtiroler und besonders Vinschger Weine und Sekte beraten zu lassen. Dazu gibt es klassische italienische Feinkost.
wein-boutique.it

Eindrucksvolles Fresko in St. Prokulus bei Naturns

41

MALSER HAIDE

EINZIGARTIGER NATURSCHATZ IM VINSCHGER OBERLAND

»D'Hoad«, wie sie von den Einheimischen kurz genannt wird, ist der größte Schwemmkegel der Alpen. Von Waalen durchzogen, galt sie lange als Kornkammer Südtirols und ist ein exzellentes Wander- und Mountainbike-Gebiet.

Nördlich von Mals im Obervinschgau liegt die Malser Haide, »d'Hoad« oder auch »Multen«, wie sie von den Einheimischen genannt wird, die bis an den Haidersee unterhalb des Reschenpasses heranreicht. Einige Quellen bezeichnen sie als größten Schwemmkegel der Alpen, andere als größten Schuttberg der Ostalpen. Ebenso wenig herrscht Einigkeit über ihre Entstehung. Von mehrschichtigen Ablagerungen bis zu einem riesigen Erdrutsch reichen die Theorien.

Eine eindrucksvolle Naturlandschaft ist »d'Hoad«, über die häufig ein kräftiger Wind weht, in jedem Fall. Lange Zeit galt die auch landwirtschaftlich genutzte, gut 13 Quadratkilometer große Fläche mit ihren fruchtbaren Böden als Kornkammer Südtirols, gedeihen hier doch Getreidesorten wie Roggen besonders gut. Geprägt ist die Landschaft, die sich von etwa 900 Meter Meereshöhe hinauf bis auf 1700 Meter erstreckt, aber auch von saftigen Wiesen mit blühenden Blumen. Dabei wird die Malser Haide von einem dichten Netz an jahrhundertealten Bewässerungswaalen durchzogen und bietet durch die Waalwege beste Bedingungen für ausgedehnte Wanderungen und Mountainbike-Touren.

Historisches Mals

Ihren Namen hat die Haide von der Marktgemeinde Mals, der zweitgrößten Gemeinde Südtirols, auf deren Gebiet neben der Haide auch der Tartscher Bichl bei Glurns, ein 1077 Meter hoher Felskegel aus Glimmerschiefer, und die sehenswerte Benediktinerabtei Marienberg oberhalb von Burgeis liegen. Der Tartscher Bichl ist auch als Fundort eines keltischen Schwerts bekannt.

Der malerische Hauptort, Mals Markt, besitzt einen historischen Ortskern, der besonders durch seine fünf markanten mittelalterlichen Türme im Zentrum auffällt. Die schmucken Häuser sind schön bemalt und zeigen sich mal hochherrschaftlich, mal bäuerlich. Die kopfsteingepflasterten Gassen laden mit zahlreichen Geschäften und Cafés zu einem Bummel ein. Mals ist der Endpunkt der Vinschger Bahn und breitet sich bis weit in die Seitentäler wie das Matscher Tal, das Schlinigtal und das Plawenntal aus. Dabei reicht das Gemeindegebiet bis weit in die Ötztaler Alpen hinein, wo die 3738 Meter hohe Weißkugel der höchste Punkt der Gemeinde ist. Kletterer, Bergwanderer und Bergsteiger sollten das Bergsteigerdorf Matsch besuchen. Sie werden von der einmaligen Berglandschaft und den vielfältigen alpinen Möglichkeiten begeistert sein.

← Rund um Burgeis in der Malser Haide laden Waalwege zu Spaziergängen und Wanderungen ein.
↓ Das über 900 Jahre alte Benediktinerstift Marienberg bei Mals ist ein Ort der Geschichte, Ruhe und Kraft.

INFO

KLOSTER MARIENBERG

Seit über 900 Jahren ist das Benediktinerstift Marienberg oberhalb von Burgeis ein Ort der Ruhe und Kraft. Wer dies selber erleben möchte, hat die Möglichkeit, auf Zeit am klösterlichen Leben teilzunehmen. Einen Besuch wert ist das Museum Ora et labora im ehemaligen Wirtschaftstrakt, das anschaulich aus der langen Geschichte des Klosters und des klösterlichen Lebens erzählt.
marienberg.it

AKTIV AUF DEM WATLES

Watles – das ist der Sport- und Freizeitberg von Mals oberhalb von Burgeis. Im Winter warten 18 familienfreundliche Abfahrtskilometer, eine Skicross-Piste, eine Naturrodelbahn und ein Nordisches Skizentrum. Im Sommer ist der Berg ein Eldorado für Wanderer und Mountainbiker in einer wunderbaren Landschaft mit zahlreichen Hütten und Almen. Auch eine 3-D-Bogenschießanlage gibt es hier.
watles.net

Die Pfarrkirche St. Quiricus und Julitta bei Tramin ist bekannt für ihren Turm. Er ist der höchste gemauerte Turm Südtirols und ragt 85 Meter in den Himmel.

SÜDTIROLS SÜDEN

Der Süden Südtirols ist eine wahre Genussregion, geprägt von Weinbergen, schmucken Dörfern und romantischen Ansitzen.

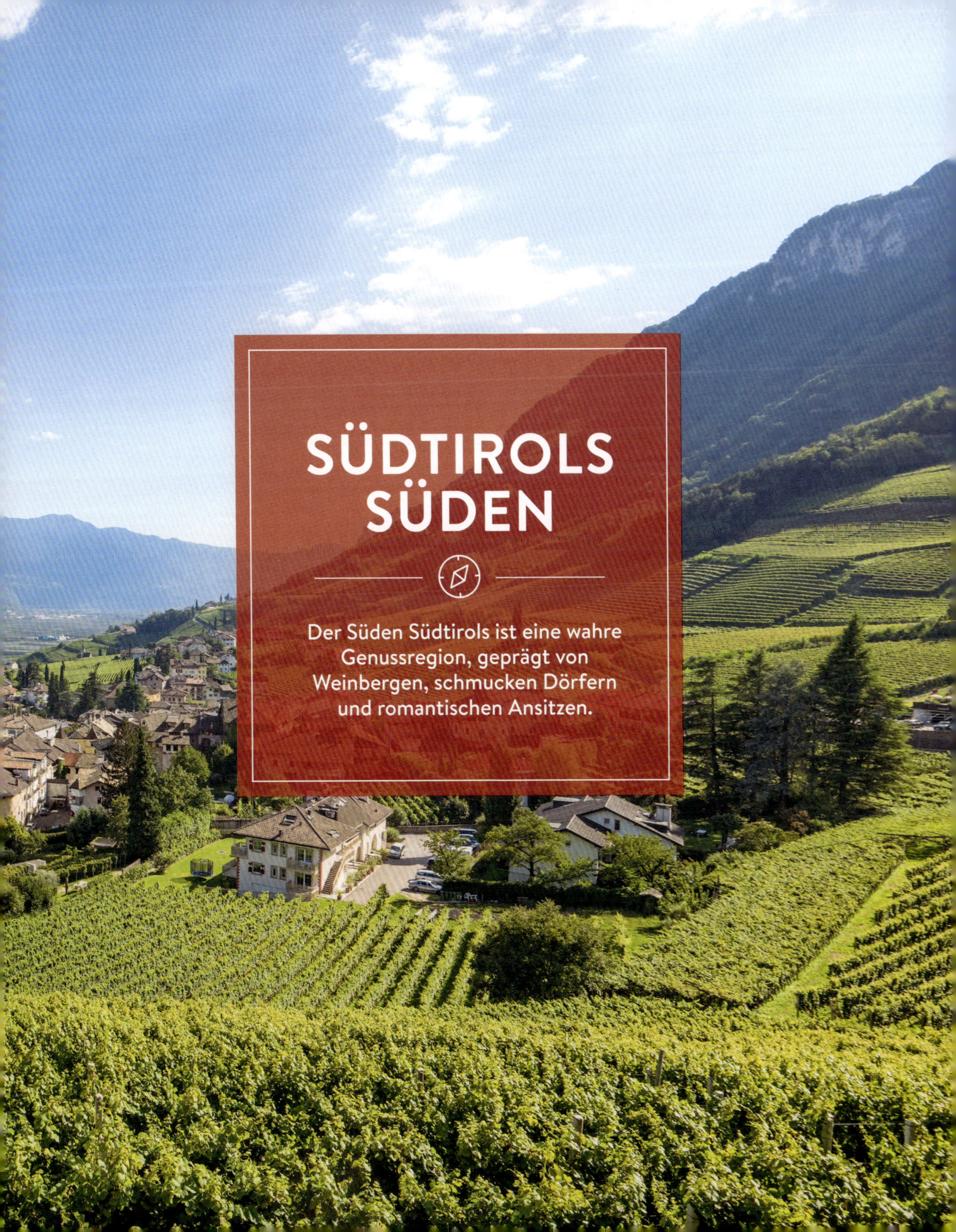

42

BUNKERANLAGE GAMPEN

DAS »BUNKER-MUSEUM« AM GAMPENPASS

Eine der größten Bunkeranlagen Südtirols erstreckt sich gleich hinter der Passhöhe am Gampenpass in Deutschnonsberg. Seit 2010 ist der 1940/41 erbaute Bunker für die Öffentlichkeit zugänglich und beherbergt wechselnde Ausstellungen und eine bedeutende Mineraliensammlung.

Der Gampenpass ist zwar längst nicht so berühmt wie etwa das Sella oder Grödner Joch, seine Bedeutung ist deshalb aber nicht geringer. Mit 1520 Meter Höhe ist der »Gampoen« ein eher niedriger Pass – gerade deshalb wurde er ähnlich wie der Brenner seit Jahrhunderten viel benutzt als Verbindung zwischen Nord und Süd. Bergleute gruben hier nach Kupfer und Zink und nutzten den Pass als Transportweg. Aber der Pass zwischen dem Südtiroler Dorf Lana und dem Dorf Fondo in der Nachbarprovinz Trentino ist auch die sprachliche und kulturelle Grenze zwischen deutschem und italienischem Kulturkreis und Sprachraum. Zudem liegt er hier, am oberen Teil des Nonstals, wegen drei deutschsprachiger Gemeinden, die noch zu Südtirol gehören (s. S. 130), Deutschnonsberg genannt, an der periadriatischen Naht, die mit einer Gesamtlänge von 700 Kilometern die bedeutendste geologische Trennungslinie innerhalb der Alpen darstellt. Hier treffen die eurasische und die afrikanische Kontinentalplatte aufeinander.

Die Bunkeranlage

Die Passstraße wurde Ende der 1930er-Jahre unter dem italienischen Diktator Benito Mussolini erbaut, ebenso wie 1940/41 die Bunkeranlage. Fast unbemerkt von den Einheimischen trieben aus Süditalien geholte Arbeiter die Stollen und Gänge in den Berg. Der Gampen-Bunker erstreckt sich über vier Stockwerke, die Länge der Gänge beläuft sich auf 1,5 Kilometer. Laut Planung sollte er noch wesentlich größere Ausmaße bekommen. Die Arbeiten wurden jedoch 1941 eingestellt, und die Stellung selbst kam nie zum Einsatz. Merkwürdigerweise war der Bunker ja auch Teil eines Abwehrwalls gegen Angreifer aus dem Norden, also eigentlich gegen das mit Italien verbündete Deutsche Reich.

Nach dem Krieg wurde der Bunker vergessen und erst 2010 mit der Eröffnung der Gampen Gallery, in der wechselnde Ausstellungen gezeigt werden, der Öffentlichkeit wieder zugänglich gemacht. 2014 wurden die zugänglichen Räumlichkeiten erweitert. Von der Gampen Gallery gelangt man durch einen schmalen Gang tiefer in den Berg. Mitten im Bunker ist die größte private Mineraliensammlung Südtirols ausgestellt. Bei einer weiteren Erkundung geht es noch an Schießscharten für Maschinengewehre und Kanonen vorbei. Der wirklich spannende Gampen-Bunker ist eine Empfehlung für heiße Tage, da es selbst dann in der Anlage mit sechs bis acht Grad recht kühl ist. Allerdings ist die Anlage außerhalb der Saison nicht täglich geöffnet.

← Die »Gallery« des Gampen-Museums in der Bunker-Anlage
↓ Das Vigilius Mountain Resort bei Lana ist ein nachhaltiges Hotel, entworfen vom Südtiroler Stararchitekten Matteo Thun.

INFO

NACHHALTIG ÜBERNACHTEN

Das Fünf-Sterne-Design-Hotel Vigilius Resort auf dem Vigiljoch oberhalb von Lana ist einer der bekanntesten Hotelbauten des Südtiroler Stararchitekten Matteo Thun, und durch seine Holzbauweise ein sehr nachhaltiger noch dazu. Der perfekte Ort für Ruhe und Entschleunigung in einer zauberhaften Umgebung. Hoch kommt man mit der modernisierten Seilbahn ab Lana.
vigilius.it

EINKEHRTIPPS

Die bewirtschaftete Almhütte auf der Laugenalm ist über den Forstweg 10A vom Gampenpass aus gemütlich in nur 45 Minuten zu Fuß zu erreichen – mit dem Bike geht's natürlich noch schneller. Oben erwarten die Wanderer und Biker neben viel Natur und einer wunderbaren Aussicht eine große Terrasse, eine gemütliche Stube und deftige Hüttengerichte.

Beim Pfefferlechner in Lana hat man die Qual der Wahl: Soll es zum herzhaften Südtiroler Essen ein gepflegtes Glas Wein oder ein frisch gezapftes Bier sein? Der Pfefferlechner ist Restaurant, Buschenschank und Hausbrauerei zugleich.
pfefferlechner.it

44

MENDEL

PASS, DORF, BERG UND MEHR

Der Mendelkamm ist ein in weiten Teilen wenig berührter Bergrücken. Er verläuft von Nord nach Süd und trennt Südtirol im Westen vom Trentino im Osten. An seinem Fuß liegen schmucke Weindörfer wie Kaltern und Eppan.

Fährt man von Bozen die Südtiroler Weinstraße oder die Brenner-Autobahn gen Süden, so hat man ihn fast die ganze Zeit rechter Hand im Blick: den Mendelkamm, auch Mendelgebirge oder schlicht Mendel genannt. Über eine Länge von 35 Kilometern erstreckt sich der Gebirgsrücken, Teil der Nonsberggruppe, vom Gantkofel bei Bozen im Norden bis zum Gampenpass bei Lana (1518 Meter) im Süden. Dazwischen liegen bekannte, wenn auch nicht allzu hohe Gipfel wie der Roen, der Penegal oder der Mendel, der Hausberg von Kaltern, eine beliebte Sommerfrische seit dem 19. Jahrhundert. Meistenteils verläuft der Gebirgszug in Höhen zwischen 1500 und 2000 Metern. Der Mendelpass (1363 Meter) ist sein tiefster Punkt, der Gipfel des Roen (2116 Meter) der höchste. Während der Mendelkamm auf der Ostseite steil aufragt, fällt er im Westen zum Trentiner Nonstal hin sanft ab.

Prominente Sommerfrischler

Ein wenig verwirrend ist es schon: Der Mendelpass ist Namensgeber des gesamten Mendelkamms, aber auch des bekanntesten Orts sowie Bergs des Bergrückens. Er ist von Kaltern über eine Straße oder mit der Mendelbahn zu erreichen. Der Mendel ist der tiefste Einschnitt des Gebirgszugs, liegt zwischen dem Penegal im Norden und dem Roen im Süden. Der Pass verbindet das Überetsch mit dem Nonstal und somit Südtirol mit dem Trentino. Im 19. und zu Beginn des 20. Jahrhunderts war der Mendel ein beliebter Erholungsort für die oberen Zehntausend. So waren beispielsweise die österreichische Kaiserin Sisi und Mahatma Ghandi zu Gast. Auch heute noch ist es ein entspannter Ort, von dem aus man viele schöne Touren, sei es zu Fuß oder mit dem Bike, wie etwa den »Kalterer Höhenweg« unternehmen kann. Im Winter gibt es hier oben das kleine Skigebiet Mendel/Ruffré. Apropos Bike: Die Straße von Kaltern hinauf zum Pass ist mit ihren 17 Kehren und dem schönen Panorama bei Rad- wie Motorradfahrern eine beliebte Strecke.

Eine angenehme, weniger schweißtreibende Alternative ist eine Fahrt auf den Pass mit der Mendelbahn, eine der ältesten und steilsten Standseilbahnen Europas, die bereits 1903 erbaut wurde, um die Sommerfrischler bequem auf den Mendel zu bringen. Die Seilbahn startet von St. Anton bei Kaltern (510 Meter) und bringt Besucher in nur zwölf Minuten auf den Mendelpass (1364 Meter). Die Steigung liegt zwischen beeindruckenden 57 und 64 Prozent. Dabei überwindet die Bahn auf einer Länge von knapp 2,4 Kilometern rund 850 Höhenmeter.

Der Mendel ist ein wunderbarer Ausgangspunkt für Bergwanderungen zu einigen der schönsten und interessantes-

← Blick auf den Kalterer See mit herbstlich verfärbten Weinbergen und den Dolomiten im Hintergrund

ten Gipfel des Mendelkamms, etwa zum Roen oder zum Kleinen und Großen Penegal. Der Roen (auch Rhönberg) erhebt sich oberhalb von Tramin. Sein 2116 Meter hoher Gipfel liegt bereits auf Trentiner Gebiet. Man erreicht das Gipfelplateau vom Mendelpass aus in etwa drei Stunden über die bewirtschaftete Roen Alm. Oben angekommen, bietet sich eine grandiose Aussicht auf die Dolomiten im Osten, die Brentagruppe im Trentino und die Ortlergruppe im Westen. In Richtung Nonstal fallen die Berghänge sanft ab, mit Wiesen, die im Frühsommer mit der Alpenwaldrebe, dem Enzian und anderen Bergblumen übersät sind.

Eine ähnlich schöne Aussicht hat man vom nahe gelegenen Penegal, nur dass man noch leichter hinaufkommt. Vom Mendelpass führt eine 3,9 Kilometer kurze Straße, die 358 Meter überwindet, auf den Penegal. Und das hat seinen Grund. Anfang des 20. Jahrhunderts wurde auf dem Gipfel ein Kurhotel errichtet. Das Hotel (penegal.it) stand lange leer, wurde 2011 aber als Panoramahotel wiedereröffnet und verfügt über Indoorpool, Wellnessbereich und einen grandiosem Blick auf den Kalterer See und Bozen.

Der Penegal will aber auch erwandert werden. Eine leichte, familienfreundliche, dreistündige Wanderung führt vom Mendel zuerst zum Kleinen Penegal und dann weiter zum Gipfel des Großen Penegals. Und auch der 1650 Meter hohe Lavinaspitz, die »Lawinenspitze«, ist einfach zu erreichen. Bei schönem Wetter und entsprechender Thermik kann man Paraglider und Drachenflieger beobachten, die von hier starten und meist südlich vom Kalterer See landen.

Bergner Kreuz und Gantkofel

So wie der Mendel der Hausberg von Kaltern ist, ist das Bergner Kreuz (1779 Meter), das sich zwischen Penegal und Gantkofel erhebt, der Hausberg von Eppan. Knapp unterhalb des Gipfels befindet sich einer der schönsten Aussichtspunkte des Mendelkamms – mit einem überwältigenden Blick auf den Bozener Talkessel. Der Berg ist auch dafür bekannt, dass hier oben der Alpenenzian zahlreich blüht.

Eine etwas anspruchsvollere Route führt aus dem Tal von Eppan Berg in etwa viereinhalb Stunden zum Gipfel des Bergner Kreuzes. Dabei geht es unter anderem durch die Kematscharte, und man überwindet mittels einer zehn Meter langen Leiter eine steile Rinne.

Der Gantkofel (1866 Meter) und der Gampenpass bilden nach Norden den Abschluss des Mendelkamms. Der Gantkofel ist schon von Weitem an der Radarstation auf seinem Gipfel erkennbar. Unterhalb seiner markanten Felswand schlängelt sich der erwandernswerte »Eppaner Höhenweg« am Berg entlang. Auf dem Gipfelplateau liegt einem das gesamte Etschtal zu Füßen, und man genießt eine grandiose 360-Grad-Rundumsicht bis zu den Dolomiten, den Sarntaler Alpen, der Ortlergruppe mit »König Ortler« und der Brentagruppe im benachbarten Trentino. Von St. Michael Eppan aus wandert man rund drei Stunden hinauf zum Gipfelkreuz.

← Vom Monte Penegal, dessen Gipfel riesige Sendemasten krönen, hat man einen wunderbaren Ausblick auf das Südtiroler Unterland.
↗ Weitläufige Weinberge prägen die grüne Landschaft an der Weinstraße bei Kaltern am See.

INFO

PAUSE AM SEE

Lässig und modern geht es bei Gretl am See direkt am Ufer des Kalterer Sees zu. Im Sommer ist die schöne Terrasse ein echtes Highlight und beliebter Treffpunkt – ideal für den Aperitivo. Die Küche zeigt sich durchaus kreativ, etwa mit Steinpilzpressknödeln mit Kalterer Polenta. Außerdem gibt es ein Freibad, Wassersport und mehr.
gretlamsee.com

UNTERKUNFT

Die neue Pension Leuchtenburg in Kaltern ist ein kleines, feines Hideaway mit Stil, eigenem Seegrundstück (nur für Erwachsene) und herrlich altem Gemäuer in neuem Glanz. Es gibt nur zwölf Zimmer. Gastgeber Kat und Jan lassen einen ständig Wein probieren, und sehr gutes Essen wird im Ristorante Terrazza serviert. Nicht zuletzt wäre da noch das »Weinwohnzimmer« mit Sauna, Lounge, Plattenspieler und Vino.
leuchtenburg.it

WEINGUT WALCH

Elena Walch zählt zu den Aushängeschildern des Südtiroler Weinbaus, das gleichnamige Familienweingut in Tramin zur italienischen Spitze. Hier kann man ihre Topweine in Ruhe verkosten und gleich einige Flaschen für zu Hause mitnehmen. Zum Weingut gehört ein schönes Bistro mit ausgezeichneten kleinen Speisen.
elenawalch.com

Das Castel Ringberg am bekannten Weingut Elena Walch

SÜDTIROLER WEIN

VOM MASSENPRODUKT ZUR SPITZE

Südtirol ist nur ein kleines Gebiet unter Italiens zahlreichen Weinregionen, hat aber in den letzten Jahren zunehmend an Bedeutung gewonnen. Dank einzigartiger klimatischer Voraussetzungen und innovativer Winzer können die Weine nun mit den Spitzenweinen der Stiefelrepublik mithalten – und nur in Südtirol gibt es das Törggelen.

Die Geschichte des Weinbaus in Südtirol ist eine lange, aber nicht immer ruhmreiche. Schon die Römer bauten in der Region Wein an. Lange Zeit setzten jedoch viele Weinmacher lieber auf Masse als auf Klasse, also stand der bekannte Kalterer See vor allem für einen einfachen, preisgünstigen Wein. Das hat sich in den letzten 20 Jahren geändert. Heute es gibt zahlreiche Weingüter, beispielsweise Lageder, Loacker, Elena Walch, St. Michael-

← Der Weinkeller auf dem Ansitz Löwengang, dem Weingut von Alois Lageder, einem der Pioniere des biodynamischen Weinbaus
↙ Der Herbst ist in den Weinbergen in Südtirols Süden auch die Zeit des Törggelen.
↓ Nahaufnahme einer Wein-Qualitätskontrolle

Eppan oder Cantina Tramin und viele mehr, die absolute Spitzenweine, weiß wie rot, produzieren. Unter den Weißweinen sind es neben dem heimischen Gewürztraminer – die Rebsorte soll in Tramin ihren Ursprung haben vor allem Sauvignon Blanc und Chardonnay, die hervorstechen, unter den Roten die autochthonen Rebsorten Vernatsch und Lagrein, aber auch Blauburgunder, Merlot und Cabernet Sauvignon.

Die Südtiroler Weinstraße

Wein wird vor allem im Südtiroler Süden angebaut, wenn auch nicht nur. Die Weinberge, die höchsten liegen in über 1000 Meter Höhe, ziehen sich bis weit hinauf ins Eisacktal – so besitzt auch das bekannte Kloster Neustift bei Brixen eine eigene Kellerei. Vor allem die Weine aus höheren Lagen haben ihre Stärke zumeist in einer ausgeprägten Mineralität – Resultat der kühleren Temperaturen und der besonderen Böden.

Im Unteretsch hat man dem Wein mit der Südtiroler Weinstraße zwischen Nals im Norden und Salurn im Süden ein Denkmal gesetzt. Nach Luftlinie trennen die beiden Orte nur 42 Kilometer, mit allen Nebenstrecken und Alternativrouten ist die Weinstraße jedoch 150 Kilometer lang. An ihr liegen so bekannte Weindörfer wie Eppan, Kaltern, Kurtatsch, Margreid, Terlan oder Tramin. Wobei die gesamte Rebfläche an der Weinstraße lediglich 4249 Hektar beträgt – das kann in Australien schon mal ein einzelnes Weingut haben.

Auf ausgewiesenen Weinradwegen kann man die Weinregion erradeln, auf Weinwegen erwandern. Das ist im Herbst zur Zeit des Törggelens besonders bei Einheimischen sehr beliebt. Es ist die Zeit des neuen Weins und der Kastanien. In munteren Grüppchen wird von Buschenschank zu Buschenschank gewandert und der eine oder andere Wein verkostet. Dazu lässt man sich deftige Südtiroler Spezialitäten wie Speckknödel und Schlutzkrapfen schmecken. Wobei jeder Einheimische bei den Buschenschanken so seinen eigenen Favoriten hat – genauso wie bei den Weingütern. Die meisten bieten das ganze Jahr über Kellerführungen und Verkostungen an. Außerdem gibt es zahlreiche Events wie die »Nacht der Keller« oder die »Weinklänge«, bei denen prächtige Ansitze, Burgen und Schlösser an der Weinroute zu Konzertbühnen werden.

Die zum Danielhof am Castelfeder gehörende, einst dem Benediktinerinnenkloster Sonnenburg im Pustertal unterstehende Kirche steht in aussichtsreicher Lage.

48

NATURPARK TRUDNER HORN

SÜDTIROLS SÜDLICHSTER NATURPARK

Den ganz besonderen Reiz des Naturparks Trudner Horn machen die starken Gegensätze aus, die ihn in seiner Gesamtheit prägen: Berg und Tal, weißes und dunkles Gestein, kalt und warm, karstig-karg und üppig-grün, dichte Wälder und offene Bergwiesen, entlegene Almen und belebte Gassen.

Von der Grenze zum Fleimstal im Norden bis zur Salurner Klause im Süden erstreckt sich der knapp 7000 Hektar große Naturpark Trudner Horn an der Ostseite des Etschtals. Somit ist er der südlichste Naturpark Südtirols, der zudem in weiten Teilen noch aus fast unberührter Natur besteht. Seinen Namen verdankt er dem 1781 Meter hohen Trudner Horn, einem Berg der Fleimstaler Alpen. Das Schutzgebiet bringt es dabei vom tiefsten zum höchsten Punkt auf einen beachtlichen Höhenunterschied von 1571 Metern.

Von submediterran bis hochalpin

Daraus erklärt sich auch seine extrem große Vielfalt an Landschaftsformen sowie Flora und Fauna, beinhaltet der Naturpark doch sowohl schon submediterran geprägte Regionen als auch hochalpine Gebiete. Der sehr abwechslungsreiche Naturpark beherbergt die artenreichste Flora und Fauna von allen Südtiroler Naturparks. Herrschen in den submediterranen Klimaräumen Buschwälder und bis zu einer Höhe von 1000 Metern vielerorts sogar Buchen vor, bestimmen in den subalpinen Zonen Fichtenwälder die Szenerie. Aber auch offene Lärchenwälder, Feuchtgebiete und Moorlandschaften mit Pflanzen wie Fettkraut oder dem fleischfressenden Sonnentau sind hier zu finden. Im Süden, in den niedrig gelegenen Parkgebieten, prägen wiederum Weinberge, Obstwiesen, Zitrusbäume und sogar Palmen die Region. Und eine Besonderheit: Insgesamt blühen sogar über 60 verschiedene Orchideenarten im Schutzgebiet.

Ein ähnliches Bild zeigt sich bei der Fauna. Im tief gelegenen, warmen Süden sind beispielsweise Feuersalamander, Dachs, Siebenschläfer und Waldmaus zu Hause, auch Specht und Wiedehopf fühlen sich heimisch. In den kalten Bergregionen leben zum Beispiel der Schneehase und der Kolkrabe.

Schwarz und weiß

Geologisch lässt sich der Naturpark Trudner Horn in zwei unterschiedliche Zonen unterteilen, was sogar mit bloßem Auge erkennbar ist. Während das Gebiet, das sich aus dem Tal der Etsch in die Höhe reckt, vor allem aus Dolomitgestein besteht, setzt sich im Zentrum und im Osten der rotbraune Quarzporphyr durch. Ganz deutlich sichtbar wird diese Zweiteilung beim Schwarz- und Weißhorn am Jochgrimmpass. Die beiden Berge sind die südlichsten Gipfel der Dolomiten und hinsichtlich ihrer Kegelform sehr ähnlich. Aber sie unterscheiden sich in ihrem Gestein, und das zeigt sich auch in ihrem Namen. Das Schwarzhorn besteht

→ Das Weißhorn unweit von Aldein bietet eine prächtige Kulisse für Wanderungen und Radtouren.

← Ein Seerosenteich im Naturpark Trudner Horn
↙ Der Almabtrieb im Herbst, hier geschmückte Kuhglocken bei Truden, ist für alle Besucher ein besonderes Erlebnis.
↘ Der Ausblick ins Etschtal bei Salurn ist herrlich.

aus dem dunklen Bozener Quarzporphyr, das Weißhorn aus weißem Sarldolomit. Zwischen den beiden Bergen finden Wanderer, Biker und Skilangläufer rund um den Jochgrimmpass übrigens ein wahres Paradies.

Hübsche Dorfkultur

Neben viel Natur und Landschaft zählen schmucke und recht unterschiedliche Gemeinden wie Altrei, Truden, Montan, Neumarkt und Salurn sowie weitere kleine Dörfer und Weiler zum Naturparkgebiet. Sie sind gute Ausgangspunkte, um den Naturpark zu erwandern oder mit dem Bike zu erkunden. Während Altrei (von wo Sie unbedingt eine Tour in die Bletterbachschlucht, den »Grand Canyon Südtirols«, unternehmen sollten) und Truden eher alpin geprägt sind und zu Wanderungen und längeren, auch schwierigeren Bergtouren einladen, geht es in Neumarkt und Salurn eher um erholsame Spaziergänge, leichte Radtouren im Etschtal oder um Wein und Genuss, etwa beim traditionellen Törggelen im Herbst.

Abwechslungsreiche Wandermöglichkeiten

Vier ortsnahe und familienfreundliche Naturerlebniswege bringen Besuchern zudem die Schönheit und Vielfalt des Naturparks näher: Dazu zählen der zwei Kilometer kurze »Trudner Sagenweg« bei Truden und der »Altreier Sagenweg« mit seinen acht Stationen. Der dritte ist der »Gschnoner Rundwanderweg«, der beim Berggasthof Dorfner unweit von Montan beginnt und am schönen Aussichtpunkt Kanzel vorbeiführt, und last but not least der Kneipp-Erholungsraum »Sandegg« in Altrei.

Natürlich sind die Wandermöglichkeiten aber praktisch unbegrenzt. Beliebt ist etwa die kurze Wanderung von Truden hinauf zur hübschen Cisloner Alm. Nach nur 45 Minuten Weg erwartet einen auf knapp 1600 Metern zur Einkehr eine 2016 neu errichtete Almhütte mit breiter, grüner Terrasse, schöner Aussicht und einem kleinen Weiher. Sehr empfehlenswert ist auch eine leichte Almwanderung im Gebiet von Altrei, die unter anderem zur Krabes Alm (1529 Meter), eine der niedrigsten Almen Südtirols, führt. Altrei liegt bereits im Fleimstal und ist der einzige Ort des Tals, der noch zu Südtirol gehört. Im Dorfzentrum bietet der Gasthof Krone eine schöne Einkehrmöglichkeit.

Im Gebäude einer alten elektrischen Mühle im Dorfzentrum von Truden, die noch voll funktionsfähig ist, befindet sich das Naturparkhaus mit allen Infos, die man zum Schutzgebiet benötigt. Eine weitere Infostelle gibt es in Gfrill, einem Bergdorf, das zur Gemeinde Salurn gehört.

INFO

ON TOUR MIT DEM MOUNTAINBIKE
Mit dem Mountainbike auf das Trudner Horn zu fahren, gehört zu den erlebnisreichen Biketouren im Naturpark. Von Truden geht es über eine Forststraße hoch zum Ziss-Sattel und von dort weiter über den kurvenreichen Anstieg zum 1781 Meter hohen Trudner Horn – oder genauer gesagt zur Horn Alm, die rund 70 Höhenmeter niedriger liegt als der Gipfel. Auf der schönen, bewirtschafteten Alm kann man sich erst einmal stärken, bevor es über Gfrill zurückgeht.

WEIN-TIPPS
Alois Lageder ist ein Pionier des biodynamischen Weinbaus und einer der ganz Großen in der Südtiroler Weinszene. Sein Weingut in Margreid lohnt immer einen Besuch. Nicht nur wegen der Führungen und Verkostungen; das Paradies ist ein sehr schönes Wein-Bistro mit Weinshop, wo sich die Einkehr lohnt. Ganz in der Nähe wächst übrigens die älteste Hausrebe der Welt.
aloislageder.eu

Wer tiefer in den Weinbau und die Geschichte des Südtiroler Weins eintauchen möchte, sollte das Weinmuseum in Kaltern besuchen. Die Exponate – etwa alte Gerätschaften – zeigen anschaulich, wie Wein einst produziert wurde. Dazu wurden im Garten des Museums alte Rebsorten angepflanzt.
weinmuseum.it

Zahlreiche Almen werden noch traditionell bewirtschaftet.

49

BLETTERBACHSCHLUCHT

DER »GRAND CANYON SÜDTIROLS«

Ein ziemlich eindrucksvolles Naturdenkmal haben die Kräfte der Natur mit der Bletterbachschlucht in den Fels gegraben. 400 Meter tief ist die Schlucht (sie gehört natürlich zum UNESCO-Welterbe), an deren Grund der Bletterbach fließt. Bekannt ist sie auch für zahlreiche Fossilienfunde und verschiedene Gesteinsschichten.

Seit der letzten Eiszeit vor circa 15.000 Jahren haben Wasser, Wind und Schneeschmelze schätzungsweise mehr als zehn Milliarden Tonnen Gesteinsmaterial ins Etschtal transportiert und so die Schlucht bei Aldein am Fuß des über 2300 Meter hohen Weißhorns geformt. Die Bletterbachschlucht öffnet ein »Fenster in das Herz der Berge«, heißt es. Dieses »Fenster« gewährt einen Blick in die Welt der Berge und in den Aufbau der Dolomiten. Oder anders ausgedrückt: Der Besucher bekommt in dem etwa acht Kilometer langen »Grand Canyon Südtirols« einen Einblick in über 250 Millionen Jahre Erdgeschichte. Kein Wunder, dass dieser Canyon daher auch zum Geopark erhoben wurde. Ein Besucherzentrum in Aldein und das GeoMuseum in Radein – die Schlucht kann von beiden Seiten erwandert werden – geben hierüber viele interessante Informationen. Im Besucherzentrum kann auch ein Helm ausgeliehen werden, der zum Schutz vor Steinschlag beim Besuch der Schlucht vorgeschrieben ist.

Steile Felswände, rauschende Wasserfälle und faszinierende Farbenspiele machen eine Wanderung auf dem GeoWeg durch die Schlucht entlang des Bletterbachs nicht nur für Geologieinteressierte zu einem ganz besonderen Naturerlebnis. Der Besucher staunt über die bizarren Felsformationen, die die Erosion aus den unterschiedlichen Gesteinsschichten herausgewaschen hat. Den Namen »Grand Canyon Südtirols« verdankt die Schlucht neben den steilen Felswänden auch dem rötlich gefärbten Sandstein.

Saurier und andere Fossilien

Doch es gibt noch mehr zu entdecken, was vor allem Kinder immer besonders fasziniert: Dinosaurier. In der Bletterbachschlucht finden sich zahlreiche versteinerte Fußabdrücke und Spuren von Sauriern, außerdem Muscheln, fossile Pflanzenreste, Fraß- und Wühlspuren – alle Jahrmillionen alt. Und durch die Erosion tauchen ständig neue Objekte auf, sodass die Forschung immer weitergeht. Damit man beim Wandern und Klettern keine interessante Stelle übersieht, ist es sehr zu empfehlen, sich einer von einem Geoexperten begleiteten Touren anzuschließen. Neben dem Helm sollte man auf passende, bequeme Bekleidung und vor allem auf festes Schuhwerk achten. Die Bletterbachschlucht ist in der Regel von etwa Ende April bis Ende Oktober von 9.30 bis 18 Uhr geöffnet – außer bei schlechtem Wetter – und kostet einen geringen Eintritt, in dem der Leihhelm und der Besuch des Museums bereits inkludiert sind (bletterbach.info).

← Bei diesem Anblick verwundert es nicht, dass die Bletterbachschlucht auch »Grand Canyon Südtirols« genannt wird.
↓ Die rund acht Kilometer lange Schlucht ist UNESCO-Welterbe und kann erwandert werden.

INFO

SPORT ABSEITS DER MASSEN

Oberhalb von Aldein liegt auf 2000 Metern der Jochgrimmpass, ideal für familiengerechten Wintersport abseits der Massen. Zwischen den Gipfeln von Schwarzhorn und Weißhorn wurde ein kleines (sieben Kilometer Piste, Tagespass 15 Euro), aber schönes, sonniges Skigebiet angelegt. Außerdem gibt es 50 Kilometer Langlaufloipen und eine Naturrodelbahn. Im Sommer kann man wandern und biken.

EINKEHREN UND ÜBERNACHTEN

Im Dorfzentrum von Aldein liegt der schmucke, traditionsreiche Gasthof Krone – seit 1720 im Besitz der Familie Franzelin. So stellt man sich ein Südtiroler Gasthaus vor. Da braucht man eigentlich nicht eigens zu erwähnen, dass die typischen Südtiroler Gerichte, die auf die Holztische kommen, richtig schmackhaft sind.
gasthof-krone.it

Die Stahl- und Glaskugel »Our Glacial Perspectives« des Künstlers Olafur Eliasson auf dem Schnalstaler Gletscher ist ein astronomisches Instrument und lädt zum Nachdenken über den Klimawandel ein.

IMPRESSUM

Verantwortlich: Maren Langendorff
Lektorat: Helga Peterz
Layout: BUCHFLINK Rüdiger Wagner
Korrektorat: Lena-Maria Denu
Repro: LUDWIG:media
Herstellung: Alexander Knoll
Printed in Türkiye by Elma Basım

★★★★★

Sind Sie mit diesem Titel zufrieden? Dann würden wir uns über Ihre Weiterempfehlung freuen.
Erzählen Sie es im Freundeskreis, berichten Sie Ihrem Buchhändler, oder bewerten Sie bei Onlinekauf. Und wenn Sie Kritik, Korrekturen, Aktualisierungen haben, freuen wir uns über Ihre Nachricht an Bruckmann Verlag, Postfach 40 02 09, D-80702 München oder per E-Mail an lektorat@verlagshaus.de.

Unser komplettes Programm finden Sie unter

www.bruckmann.de

Alle Angaben dieses Werkes wurden von den Autoren sorgfältig recherchiert und auf den neuesten Stand gebracht sowie vom Verlag geprüft. Für die Richtigkeit der Angaben kann jedoch keine Haftung übernommen werden, weshalb die Nutzung auf eigene Gefahr erfolgt. Insbesondere bei GPS-Daten können Abweichungen nicht ausgeschlossen werden. Sollte dieses Werk Links auf Webseiten Dritter enthalten, so machen wir uns die Inhalte nicht zu eigen und übernehmen für die Inhalte keine Haftung.

In diesem Buch wird aus Gründen der besseren Lesbarkeit das generische Maskulinum verwendet. Weibliche und anderweitige Geschlechteridentitäten werden dabei ausdrücklich mitgemeint, soweit es für die Aussage erforderlich ist.

DIE AUTOREN

Die Journalisten Manuela Blisse und Uwe Lehmann führen gemeinsam das Redaktionsbüro Surpress und schreiben Artikel zu Themen wie Reisen, Gastronomie, Hotellerie und Lifestyle. Regelmäßig reisen sie als Autorenteam um die Welt. Dabei landen die beiden auch immer wieder in Südtirol – zum Skifahren in den Dolomiten genauso wie zur Weinlese im Herbst. Dabei sind zahlreiche Artikel und Reiseführer entstanden.

Umschlagnachweis: Vorderseite: Farbenfrohe Sommerstimmung an den Drei Zinnen (Shutterstock/Andrew Mayovskyy)
Rückseite, oben (v.l.n.r.): Eishöhle auf dem Schnalstaler Gletscher; unterwegs im Food Forest Ciaulunch; Alpenschneehuhn im Nationalpark Stilfser Joch; unten: pittoreske Holzhütte vor dem Peiterkofel
Seiten 2/3: Blick auf Schloss Tirol im Etschtal während der Apfelblüte
Seiten 6/7: Die eindrucksvollen Gipfel der Geislerspitzen im Vilnösstal im UNESCO-Welterbe der Dolomiten
Seiten 190/191: Sonnenaufgang auf der Seiser Alm, der größten Hochalm Europas, mit den Gipfeln von Langkofel und Plattkofel

Die Deutsche Nationalbibliothek verzeichnet diese Publikation in der Deutschen Nationalbibliografie; detaillierte bibliografische Daten sind im Internet über http://dnb.d-nb.de abrufbar.

978-3-7343-3055-1